ALENA AIGNEROVÁ

TSCHECHISCH ANDERS

ČEŠTINA JINAK

Kommunikatives Lehrwerk für Anfänger

tpa
VIMPERK

ISBN 80-85618-19-2

INHALT

TSCHECHISCH
ANDERS
ČEŠTINA
JINAK
TSCHECHISCH
ANDERS
ČEŠTINA
JINAK
TSCHECHISCH
ANDERS

VORWORT

Dieses Lehrbuch soll Ihnen ermöglichen, die Grundlagen der tschechischen Sprache möglichst schnell zu erwerben und sich in alltäglichen Situationen mühelos verständigen zu können.

● Das Buch enthält 15 thematisch angeordnete Lektionen. Im Zentrum der Lektionen stehen **„Unterrichtslieder“**, die **nach allgemein bekannten Melodien** gesungen werden; diese Lieder enthalten häufige Wendungen und Phrasen und auch die Grundlagen der notwendigen Grammatik. Hören Sie sich die Begleitkassette mit Liedern möglichst oft an, singen Sie mit, klopfen Sie den Rhythmus. Sie können die Kassette auch einfach laufen lassen: Ihr Unterbewußtsein arbeitet auch ein bißchen für Sie.

● Die theoretische Basis dieser Unterrichtsmethode stützt sich u.a. auf die **Birkenbihl-Theorie des gehirngerechten Lernens und die Sing Lingual Method von Uwe Kind**. Durch Lieder können Sie sich vieles besser und länger merken. Die sprachlich – musikalische Produktion aktiviert die rechte Gehirnhälfte, das Lernen wird effektiver und weniger mühsam, der Behaltenserfolg größer. Sprechhemmungen werden rasch abgebaut. Dieses Bemühen wird durch eine humorvolle graphische Gestaltung unterstützt.

● Die **notwendige Grammatik** wurde sorgfältig nach ihrer Häufigkeit im Sprachgebrauch ausgewählt. Sie wird in kommunikativen Strukturen auf einprägsame Weise angeeignet. Manches wurde vereinfacht oder lexikalisch dargestellt, um die Überlastung durch die Grammatik zu vermeiden.

● Großer Wert wird auf die **effektive und ökonomische Aneignung des Wortschatzes** gelegt. Es werden Muster vorgestellt, nach denen weitere Wörter verstanden oder gebildet werden können. Häufig werden auch Internationalismen verwendet, mit deren Hilfe der tschechische Wortschatz mühelos erweiterbar ist.

● **Landeskundliche Sachverhalte** helfen dem Lerner, sich in der tschechischen Umwelt zu orientieren, Gemeinsamkeiten und Unterschiede kennenzulernen und die tschechische Mentalität zu verstehen. Die Landeskunde spiegelt die geänderten politischen Verhältnisse in der Tschechischen Republik wieder.

Die Lektionen wurden mehrfach in der Praxis erprobt. Ich hatte das große Glück, daß viele Lerner, denen ich Tschechisch beigebracht habe, auch mich weiterentwickeln konnten.

Sie und andere Freunde, die mir bei der Zusammenstellung dieses Buches auf die eine oder andere Weise behilflich waren, erscheinen in den Lektionen (mit ihrer Genehmigung) unter ihren wirklichen Namen.

Wir wünschen Ihnen effektives und erfolgreiches Lernen und viel Spaß mit **„Tschechisch anders“**.

Alena Aignerová und Verlag

Aussprache und Betonung

Zwischen dem Deutschen und dem Tschechischen gibt es auch in der Aussprache viele Gemeinsamkeiten, die man im Sinne der Sprachökonomie nutzen kann. Obwohl ein tschechischer Text auf den ersten Blick unverständlich ausschaut, ist das oft nur die Schreibweise, die den Unterschied macht. Daneben gibt es Erscheinungen, die in der deutschen Aussprache nicht auftreten.

In den ersten 3 Lektionen haben Sie bei den Liedern eine Transkription, die Ihnen helfen wird, sich mit der tschechischen Aussprache auseinandersetzen. Arbeiten Sie oft mit der Kassette, damit Sie sich möglichst bald „einhören" können und sich die tschechische Aussprache aneignen.

Im Tschechischen sind vor allem die Zeichen über den Buchstaben auffallend, die sog. **„čárka" (')**, **„háček" (ˇ)** und **kroužek (nur bei ů)**. „Čárka" und „kroužek" bezeichnen die Länge der Vokale: **á = ah, ú, ů = uh**. Der „háček" hat mehrere Funktionen: entweder bezeichnet er **Laute, die im Deutschen anders geschrieben werden** (**š = sch, č = tsch, ž = J** im Wort Journal), oder **solche, die es im Deutschen nicht gibt (ř)**, oder er dient als Mittel, wie man die **Weichheit mancher Konsonanten** ausdrücken kann **(dě, tě, ně, mě, bě, pě, vě).**

Ein sehr gravierendes Merkmal der tschechischen Aussprache ist **der Wechsel von harten** (h, ch, k, r, d, t, n) **und weichen** (ď, ť, ň, ž, š, č, ř) **Konsonanten.** Für Lerner mit deutscher Muttersprache ist das die größte Fehlerquelle in der Aussprache, die sehr störend wirkt, aber relativ einfach zu beseitigen ist (s. weiter).

Zur Aussprache der einzelnen Laute

Buchstabe	**Aussprache**	**Beispiele D/Tsch**	
a	wie dt. kurzes a	*machen* / tak *(so)*	
á	wie dt. aa, ah	*Paar* / pár	
b	wie dt. stimmhaftes b	*neben* / nebe *(Himmel)*	
c	wie dt. z	*Zitrone* / citrón	
č	wie dt. tsch	*tschechisch* / česky	
d	wie dt. stimmhaftes d	*jeder* / jede *(er fährt)*	
ď	weich wie d^j	*Nadja* / Naďa	
e	wie dt. ä	*deset* (zehn)	
é	wie dt. äh	*mähen* / mléko *(Milch)*	
f	wie dt. f		
g	wie dt. g		
h	immer aussprechen	*Honig* / hodný *(brav)*	
ch	wie dt. ch in:	*lachen* / kachna *(Ente)*	*(ein Buchstabe!)*
i	wie dt. i	*Fisch* / piš! *(schreibe!)*	
í	wie dt. ie	*lieb* / líp *(besser)*	
j	wie dt. j in:	*jeder* / jede (er fährt)	
k	unbehaucht wie	*prokurist* / prokurista	
l	wie dt. l in:	*Liebe* / Líba	
m	wie dt. m		
n	wie dt. n		
ň	weich wie n^j	*kognak* / koňak	
o	wie dt. o in:	*kolossal* / kolosální	
ó	offen und lang	*móda*	*(nur in Fremdwörtern)*
p	unbehaucht	*April* / apríl	
q	wie kw		*(nur in Fremdwörtern)*
r	wie dt. r in:	*Rock* / rok (Jahr)	
ř	gibt es im Dt. nicht	*Aussprache* s. unten	
s	wie dt. ß	*Straße* / zase *(wieder)*	
š	wie dt. sch	*Schal* / šál	
t	unbehaucht	*Tat* / táta (Vater)	
ť	weich wie t^j	*Tatjana* / Taťána	
u	wie dt. u in:	*Rum* / rum	
ú, ů	wie dt. uh	*Stuhl* / stůl (Tisch)	
v	wie dt. w	*wie* / ví (er weiß)	
w	wie dt. w		*(nur in Fremdwörtern)*
y	wie dt. i (nie ü!)	*systém* [ßißtähm]	
z	wie dt. c	*Zirkus* / cirkus	
ž	wie j im dt:	*Journal* / *žurnál*	

• *Anmerkung:*

In dem tschechischen Alphabet ist **„ch" ein Buchstabe** und steht nach „h" (e–f–g–h–ch–...) Nach dieser Regel suchen Sie auch im Wörterbuch.

• *Aussprache von „ř":*

Zähne zusammendrücken, langes stilles „rrrrr" aussprechen. Mundwinkel auseinanderhalten wie beim Lachen: řřřřř!!!

• *Aussprache der Lautgruppen:*

• *Diphtonge:*

ou	voll aussprechen (nicht nur „u"): *koukat* (schauen)
au	wie dt. *Auto* / auto
eu	nicht wie im Dt., sondern wie ä, das in u übergeht: *pneumatika [pnäumatika]*

Verbindungen *ia*, *ie*, *iu*, *ii* sind keine Diphtonge. Sie werden mit einem „j" dazwischen ausgesprochen: ija, ije, iju, iji: Marii [mariji]

• *Konsonantengruppen:*

ck	immer wie zwei Laute aussprechen: *německy* [n^{j}ämäzki]
sp, st, sch	immer wie zwei Laute: *spí* (er schläft) *[ßpie]* *start [ßtart]* *schema [schäma]*

• *Weiche Silben:*

Es handelt sich um folgende Verbindungen:

di, ti, ni	*[d^{j}i, t^{j}i, n^{j}i]*
dě, tě, ně	*[d^{j}ä, t^{j}ä, n^{j}ä]*
mě, bě, pě, vě	*[mn^{j}ä, b^{j}ä, p^{j}ä, v^{j}ä]*

• *Hilfe für die Aussprache:*

Artikulationsorgane auf „d, t, n," einstellen. Drücken Sie die Zungenspitze mit einem Finger nach unten. Jetzt können Sie ď, ť, ň aussprechen.

Die Betonung

Die Betonung liegt im Tschechischen immer auf der ersten Silbe. Die langen Silben, die nicht am Anfang stehen, werden lang (nicht betont) ausgesprochen: Navrátilová *[nawraat^{j}ilowaa]*. Das Tschechische hat keine Reduktion, deshalb werden auch die Endsilben voll ausgesprochen: *jeden* (eins) *[jädän]*
večer (Abend) *[wätschär]*

Die einsilbigen Vorwörter tragen keine Betonung und werden mit dem folgenden Wort zusammen ausgesprochen: *do Prahy [doprahi]* (nach Prag)
do školy [doschkoli] (in die Schule)

Assimilation

Treffen stimmhafte und stimmlose Konsonanten aufeinander, paßt sich der erste Konsonant dem nächsten an:

kdo, kde, kdy	(wer, wo, wann)	*[gdo, gdä, gdi]*
v Praze, v Bonnu	(in Prag, in Bonn)	*[fprasä, wbonu]*
Wolfgang		*[wolwgank]*
od Karla	(von Karl)	*[otkarla]*

1. lekce

KDO JE TO?

A: *LIEDER, TEXTE*

Dobrý večer

Melodie: *Twinkle, Twinkle, Little Star*

Dobrý večer

Dobrý večer, já jsem Marek.
dobrie wätschär, jaa ßäm Maräk
Guten Abend, ich bin Marek.

To mě těší, já jsem Stárek.
to mn^{j}ä t^{j}äschie, jaa ßäm ßtaaräk
*Daß mich freut, ich bin Stárek.

A vaše jméno? Králová.
a waschä määno? Kraalowaa
Und Ihr Name? Králová.

Ještě jednou! Králová.
jäscht^{j}ä jädnou! Kraalowaa
Noch einmal! Králová.

Bydlíte v Prachaticích?
bidlietä fprachat^{j}iziech?
Wohnen (Sie) in Prachatice?

Ne, já bydlím ve Voticích.
nä, jaa bidliem wäwot^{j}iziech.
Nein, ich wohne in Votice.

Učíte se dlouho česky?
utschietä ßä dlouho tschäßki?
Lernen Sie* (sich) lange tschechisch?

Jenom dva dny, je to těžký.
jänom dwa dn^{j}i, jä to t^{j}äschkie
Nur zwei Tage, (es) ist* das schwer.

Ale už mluvíte docela dobře, ale už mluvíte docela dobře!
alä usch mluwiete dozäla dobrschä
* Aber schon (Sie) sprechen ganz gut...!

Děkuju vám mnohokrát, česky mluvím velmi rád.
d^{j}äkuju waam mnohokraat, tschäßki mluwiem wälmi raat.
(Ich) danke Ihnen vielmals, tschechisch spreche (ich) sehr gern.

Singen Sie noch einmal:

Dobrý........................, já .... Marek. To mě ...., já .... Stárek.
A vaše ....: Králová. Ještě ....: Králová
Bydlíte ve Voticích? Ne, já .... v Prachaticích.
U .... se dlouho česky? Jenom dva ...., je to ....
Ale už .... docela dobře, ale už .... docela dobře!
Děkuju vám ...., česky .... velmi ....

Dobrý den! Dobrý večer!
Na shledanou! Ahoj!

1. lekce

Já jsem cizinec

Melodie: *She'll Be Comin' round The Mountain*
(Amerikanisches Volkslied)

Já jsem cizinec

Já jsem cizinec a neumím česky,
(jaa ßäm zisinäz a näumiem tschäßki
Ich bin Ausländer und kann nicht tschechisch,

já jsem cizinec a neumím česky.
jaa ßäm zisinäz a näumiem tschäßki
Ich bin Ausländer und kann nicht tschechisch.

Řekněte to ještě jednou, opakujte prosím znovu.
räknʲätä to jäschtʲä jädnou, opakujtä proßiem snowu
Sagen Sie das noch einmal, wiederholen Sie bitte (wieder).

Já jsem cizinec a neumím česky,
jaa ßäm zisinäz a näumiem tschäßki
Ich bin Ausländer und kann nicht tschechisch.

Já jsem cizinec a neumím česky.
jaa ßäm zisinäz a näumiem tschäßki
Ich bin Ausländer und kann nicht tschechisch.

Já jsem cizinec a neumím česky.
jaa ßäm zisinäz a näumiem tschäßki
Ich bin Ausländer und kann nicht tschechisch

Nerozumím, co říkáte, vůbec tomu nerozumím.
närosumiem zo rschiekaatä, wuubätz tomu närosumiem
(Ich) verstehe nicht, was (Sie) sagen,* gar nicht (dem) verstehe (ich).

Já jsem cizinec a neumím česky.
jaa ßäm zisinäz a näumiem tschäßki
Ich bin Ausländer und kann nicht tschechisch.

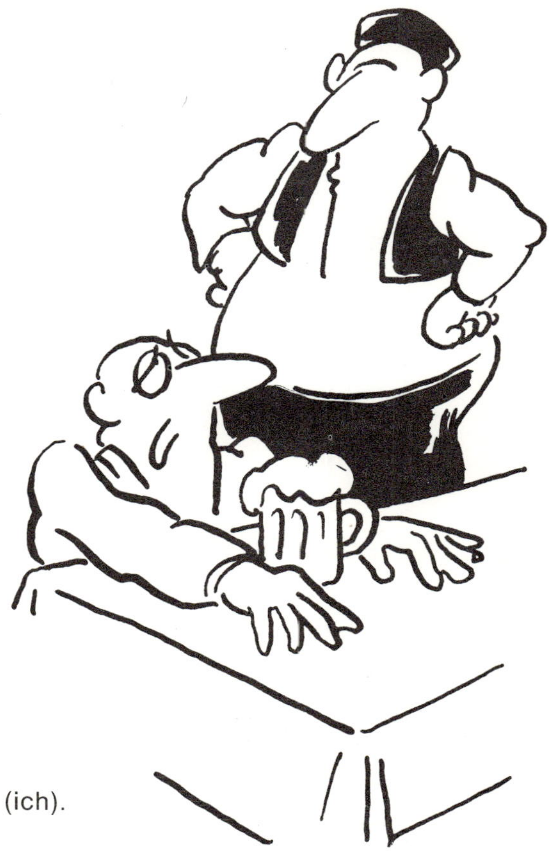

Singen Sie noch einmal:

Já jsem .... a neumím ...., já .... cizinec a .... česky.
Řekněte to .... jednou, ... prosím znovu.
Já .... cizinec a .... česky.
Já jsem .... a .... česky, já .... cizinec a .... česky.
Nerozumím, co ...., vůbec tomu .... Já jsem ....
a .... česky.

B: *GRAMMATIK, ÜBUNGEN*

KONJUGATION VON „BÝT / SEIN“

(já)	**jsem**	(my)	**jsme**
(ty)	**jsi**	(vy)	**jste**
(on)		(oni)	**jsou**
(ona)	**je**		
(ono)			

Im Tschechischen gebraucht man das Fürwort (ich, du...) bei der Konjugation meistens nicht: (Já) jsem student. Jsme tady.

Die höfliche Anrede ist im Tschechischen die **2. Person Mehrzahl (vy jste)**, es wird jedoch nur in Briefen groß geschrieben. Das „j“ vor einem Konsonanten muß nicht ausgesprochen werden: **jsem** *[ßäm]*, **jsi** *[ßi]* ... **jsou** *[ßou]*. Vorsicht: **je** *[jä]*. **„Das ist“** heißt **„to je“**.

1. lekce

Ü 1

Was gehört zusammen?
Kdo je ... Wer ist ...?

Kdo je Václav Havel? Václav Havel je prezident.

Miloš Forman	prezident
Václav Havel	tenista
Milan Kundera	reportér
Jan Ámos Komenský	režisér
Egon Erwin Kisch	autor
Jan Saudek	fotograf
Boris Becker	politik
Tomáš G. Masaryk	filosof
Bill Clinton	dirigent

Ü 2

Fragen Sie tschechisch und antworten Sie:

1. Wer ist das? Was ist das? 3. Sind Sie da? 4. Wir sind auch da. 5. Ist hier Herr Marek? 6. Ist das Frau Bečvářová? 7. Ist Bernhard hier? 8. Wo ist Bruno? 9. Seid ihr da? 10. Ist das hier?

Ü 3

Ergänzen Sie:

Weibliche Berufsbezeichnungen werden oft nach folgendem Muster gebildet: *student – student***ka**

Věra Chytilová	režisér..
Martina Navrátilová	tenist..
Claudia Schiffer	model..
Ingeborg Bachmann	autor..

WEIBLICHE FAMILIENNAMEN

werden meistens von den männlichen Formen mit der Endung – ová gebildet: *Král – Král***ová**
Hanuš – ...
Stach – ...

Wenn der männliche Name auf **-ek** endet, fällt dieses **-e** bei den weiblichen Famillienamen aus: **(Marek – Marková).**
Endet der männliche Familienname auf **-a**, fällt es bei den weiblichen aus:
(Svoboda – Svobodová).
Daneben gibt es noch Familiennamen, die eigentlich Eigenschaftswörter sind:
Dlouhý (Mann) – **Dlouhá** (Frau).

Die Anrede ist: pane Klaus! pane Pachinger! pane Dlouhý!
paní Klausová! paní Pachingerová! paní Dlouhá!

Ü 4

1. Wie heißt der Partner?
2. Wie werden die Personen angeredet?

Stárek – ...	Mašek –...
Šrámek –...	... – Zemanová
... – Stachová	Helus – ...
Havel – ...	Studený – ...
Čapek – ...	Švarc – ...
... – Krátká	... – Kohoutová

KONJUGATION „BYDLÍM, MLUVÍM, UČÍM SE"

(já)	bydl**ím**	(my)	bydl**íme**	
(ty)	bydl**íš**	(vy)	bydl**íte**	(auch höfliche Andere)
(on, ona)	bydl**í**	(oni)	bydl**í**	

ähnlich: mluvím, učím se, umím. Die Nennform ist: mluvit, bydlet, učit se, umět.

Anmerkung: **umím** heißt im Tschechischen **„ich kann"** im Sinne „Fähigkeit besitzen" (nicht in der Bedeutung „Erlaubnis")

(já)	um**ím**	(my)	um**íme**
(ty)	um**íš**	(vy)	um**íte**
(on, ona)	um**í**	(oni)	um**í** (um**ějí**)

„učím se" ist reflexiv, **se** (sich) **bleibt** in allen Personen **gleich**: Učím **se** česky. Učíme **se** česky. Kdo **se** učí česky?

Ergänzen Sie:

Ü 5

bydlet / bydlím
1. Kde .... (Sie)? 2. (Ich) .... v Praze. 3. Kde .... Karel? 4. Karel .... v Plzni. 5. (Wir) .... v Brně.
učit se / učím se ....
1. Bruno .... česky. 2. Kdo se ještě .... česky? 3. (Já) .... program Windows. 4. Co se .... (du)? 5. Co se .... (Sie?)
umět / umím...
1. Manuela .... anglicky a česky. 2. Co .... (du)? 3. .... (Sie) německy? 4. .... rusky. 5. Už .... (ich) všechno.

NEGATION

Tschechische Zeitwörter haben für die Negation die Vorsilbe **„ne-"**, die dem deutschen Negationswort **„nicht"** entspricht.

já	**ne**jsem	my	**ne**jsme
ty	**ne**jsi	vy	**ne**jste
on, ona	**není**	oni	**ne**jsou
já	**ne**bydlím	my	**ne**bydlíme
ty	**ne**bydlíš	vy	**ne**bydlíte
on	**ne**bydlí	oni	**ne**bydlí

Vorsicht! „j" wird hier ausgesprochen: (näjßäm)

Ähnlich: neučím se
neumím
nemluvím

Ergänzen Sie nach dem Sinn:

Ü 6

1. Já .... v Praze, bydlím v Budějovicích. 2. Umím anglicky, ale .... francouzsky. 3. Ivan Lendl .... v Praze, bydlí v New Yorku. 4. .... česky? 5. .... česky, ale .... rusky. 6. .... španělsky, učím se česky. 7. .... Čech, jsem Němec. 8. Havel .... 9. Já .... cizinec a .... česky.

Kdo jste vy? Wer sind Sie?

Ü 7

Vielleicht finden Sie unter den Internationalismen Ihren Beruf? *(manažer, fotograf, reportér, profesor, doktor, student, biolog, inženýr, ekonom, kontrolor, šéf, technik, teolog, fyzik)*

Ü 8

Übung:

Ergänzen sie analog die fehlenden Begriffe in der Tabelle. Bilden Sie dann Sätze nach dem Muster:
Alfred je Němec. Elfriede je Němka. Mluví německy.
Jirka je Čech. Eva je Češka. Mluví česky.

Čech	Češka	česky
Němec	Němka	německy
Rakušan	Rakušanka	....
Švýcar	Švýcarka	....
Američan	....	anglicky
Angličan	Angličanka	....
Francouz	Francouzka	francouzsky
Ital	....	....
Rus	....	....

KDE BYDLÍTE? WO WOHNEN SIE?

v, ve = in (auf die Frage **„wo?"**)

Praha	– v Praz**e** (fprasä)	Bonn	– v Bonn**u** (wbonnu)
Brno	– v Brn**ě** (v brn[j]ä)	Písek	– v Písk**u** (fpießku)
Berlín	– v Berlín**ě**	New York	– v New York**u**
Londýn	– v Londýn**ě**	Steyr	– ve Steyr**u**
Linec	– v Linc**i**	Budějov**ice**	– v Budějov**icích**
Liberec	– v Liberc**i**	Prachat**ice**	– v Prachat**icích**
Olomouc	– v Olomouc**i**	Vot**ice**	– ve Vot**icích**
Paříž	– v Paříž**i**	Strakon**ice**	– ve Strakon**icích**

Tschechische Städtenamen haben verschiedenes Geschlecht. Sie richten sich in ihrer Deklination nach den Endungen des jeweiligen Hauptwortes, die unterschiedlich sind.
Nach den obigen Beispielen kann man sich am Anfang orientieren.
Das Vorwort ist meistens in der kürzeren Form (v Praze), die längere Form steht vor Städtenamen, die mit V, F, oder S beginnen (ve Vídni, ve Fuldě, ve Steyru). Das Vorwort wird mit dem Städtenamen zusammen ausgesprochen *[wäwiedn[j]i]*.

C: *KOMMUNIKATIVE ÜBUNGEN*

DIALOGE:

Pan Vaněk: Dobrý den, vy jste pan Pammer?
Pan Pammer: Ano, to jsem já.
Pan Vaněk: Mluvíte česky? Jste Čech?
Pan Pammer: Ne, ale učím se česky. Jsem Němec a bydlím v Bonnu.
Pan Vaněk: Těší mě, já jsem Vaněk. Bydlím v Praze.

A: Jak se jmenujete?
B: Petra Nováková.
A: Kde bydlíte?
B: Plzeň, Dlouhá 5 (pět).
A: Kde pracujete?
B: Jsem studentka.

Ü 9

Variieren Sie in den Gesprächen:

- die Namen
- den Beruf
- den Wohnort
- die Adresse

Bilden Sie ähnliche Dialoge:

Ü 10

Jak se jmenuješ / jmenujete?	Ve Zlíně.
Kde bydlíš / bydlíte?	Ne, jen anglicky.
Jsi Čech?	Ano, trochu.
Mluvíš / mluvíte česky?	Ano. / Ne.
Učíš se / učíte se...	Ne, Němec.
	Jana. A ty?

JEDNA FRÁZE DENNĚ (Jeden Tag eine Phrase)

Pondělí	/ Montag:	Dobrý den! Dobrý večer! Na shledanou! Ahoj!
Úterý	/ Dienstag:	Jmenuju se Alzner. Já jsem Alzner. Moje jméno je ...
Středa	/ Mittwoch:	Kdo jste? Jsem Němec. Jsem Rakušan. Jsem Čech.
Čtvrtek	/ Donnerstag:	Kde bydlíte? Bydlím ve Frankfurtu.
Pátek	/ Freitag:	Mluvím německy a anglicky a trochu česky.
Sobota	/ Samstag:	To mě těší. Těší mě. Moc mě těší.
Neděle	/ Sonntag:	Co je to? Kdo je to?

ahoj	ugs. Begrüßung **1**	on	er
ale	aber **1**	ona	sie
anglicky	englisch **1**	oni	sie
bydlet, bydlím	wohnen	ono	es
být, jsem	sein	opakovat, opakuju	wiederholen
cizinec, *m.*	Ausländer	opakujte!	wiederholen Sie!
co	was	pan, pán, *m.*	Herr
Čech, *m.*	Tscheche	paní, *w.*	Frau
česky	tschechisch	pracovat, pracuju	arbeiten
děkovat, děkuju	danken	prosit, prosím	bitten, bitte
den, dny, *m.*	Tag, Tage	rád, ráda, rádo	gern
dlouho	lange	Rakušan, *m.*	Österreicher
dobrou noc	Gute Nacht	rozumět, rozumím	verstehen
dobrý	gut	říci, řeknu	sagen
dobrý den	Guten Tag	Švýcar, *m.*	Schweizer
dobrý večer	Guten Abend	ta	die
dobře	gut	ten	der
docela	ganz	těžký	schwer
dva	zwei	to	das
já	ich	to mě těší	das freut mich
jednou	einmal	tu, tady	hier
jen, jenom	nur	ty	du
ještě	noch	učit se, učím se	lernen
jméno, *s.*	Name	umět, umím	können
jmenovat se, jmenuju se	heißen	už	schon
kde	wo	v, ve	in, um
kdo	wer	vám	Ihnen
mluvit, mluvím	sprechen	vaše	euer, Ihr
mnohokrát	vielmals	večer, *m.*	Abend
moc, velmi	sehr	velmi	sehr
moje jméno, *s.*	mein Name	všechno	alles
my	wir	vůbec tomu nerozumím	ich verstehe das gar nicht
na shledanou	auf Wiedersehen	vy	ihr, Sie
Němec, *m.*	Deutscher	znovu, zase	wieder
německy	deutsch	a	und

2. lekce

CO JE TO?

A: *LIEDER, TEXTE*

Jak je to česky

Melodie: *An der schönen blauen Donau (Donauwalzer)*

Jak je to česky?

Jak je to česky? To je salát.
jak jä to tschäßki? to jä Salaat
Wie ist das tschechisch? Das ist Salat.

A „Spinat“ je česky „špenát“.
a Spinat jä tschäßki schpänaat
Und Spinat ist tschechisch špenát

Tady je mléko a káva,
tadi jä mläko a kaawa
hier ist Milch und Kaffee

nebo si dáte radši čaj?
näbo ßi daatä ratschi tschaj
oder * (Sie) sich geben lieber Tee?

Mám se dobře je „mir geht's gut.“
maam ßä dobrschä jä...
* (ich) habe sich gut ist...

To mi chutná je „es schmeckt mir“.
to mi chutnaa jä...
* das mir schmeckt ist...

Děkuji znamená „vielen Dank“.
ďäkuju snamänaa...
danke bedeutet...

Prosím se řekne „bitte schön“.
proßiem ßä rschäknä...
bitte * sich sagt...

Singen Sie noch einmal:

Jak je to ....? To je .... A Spinat je .... špenát.
Tady je .... a ...., nebo si .... raděj ....?
.... se dobře je: mir geht's gut.
To mi .... je: Es schmeckt mir.
Děkuji ....: Vielen Dank! Prosím se ....: Bitte schön!

Děkuju

Melodie: *Sur le Pont d'Avignon*
(Französisches Volkslied)

2. lekce

Děkuju

Děkuju, děkuju, děkuju vám za laskavost.
ďäkuju, ďäkuju, ďäkuju waam sa laßkawoßt.
Danke, danke, (ich) danke Ihnen für (die) Freundlichkeit

Prosím vás, není zač, na shledanou, buďte zdráv.
Proßim waaß, nänie satsch, naßchläaanou, buťte sdraaf.
(Ich) bitte Sie, * ist nicht wofür, auf Wiedersehen, seien Sie gesund.

Singen Sie noch einmal:

Děkuju, ... děkuju vám .... laskavost.
Prosím vás, ... zač ...., buďte ....!

DIALOGE

● *Pan Mašek:* Dobrý den, pane Fišer, jak se máte?
Pan Fišer: Dobrý den, děkuju, dobře.
Pan Mašek: Máte chvíli čas?
Pan Fišer: Bohužel mám nějaký termín. Ale zítra mám čas.

● *Pan Kučera:* Ahoj, jak se máš?
Pan Král: Děkuju, dobře. A ty?
Pan Kučera: Jde to.
Pan Král: Tak ahoj!

● *Paní Dostálová:* Pane Alzner, máte telefonovat do Prahy.
Pan Alzner: Máte číslo?
Paní Dostálová: Ano, 02 je Praha a číslo je 32 06 81.

B: *GRAMMATIK, ÜBUNGEN*

TSCHECHISCHE HAUPTWÖRTER

1. Im Tschechischen gibt es **männliche**, **weibliche** und **sächliche** Hauptwörter, das Geschlecht stimmt jedoch nicht immer mit dem Geschlecht im Deutschen überein: *Kaffee – káva* (weiblich).

Bei den **männlichen** Hauptwörtern unterscheidet man **belebte** und **unbelebte**, die unterschiedlich dekliniert werden.

2. Nach den Endungen des Hauptworts kann man oft das Geschlecht erraten, z.B. **sind die meisten Hauptwörter** mit der Endung **–a weiblich** *(žena)*, die mit der Endung **–o sächlich** *(auto)*, die **männlichen** enden oft auf einen **Mitlaut** *(computer)*.

3. Tschechische Hauptwörter schreibt man mit **kleinem Anfangsbuchstaben** *(salát, cigareta, rádio)*.

4. Im Tschechischen gibt es **keinen Artikel**. Die Fälle und Beziehungen im Satz drückt man mit Hilfe von Endungen aus. So kann es passieren, daß ein Wort von einem Ausländer auf einmal anders verstanden wird *(Praha – v Praze*, ausgesprochen: *fprasä)*.
Sie werden sich aber schnell daran gewöhnen, weil es Analogien gibt.

5. Im Tschechischen gibt es **7 Fälle**, die wir Schritt für Schritt kennenlernen werden, je nach dem, wir frequentiert sie in der Sprache sind. Den 4. Fall brauchen wir als Ergänzung vieler Zeitwörter, z.B. für „mám" (ich habe).

	männlich unbelebt		*weiblich*	*sächlich*
1. *wer, was?*	park	čaj	škola	město
4. *wen, was?*	park	čaj	škol**u**	město

Übung: **Ü 1**

Männlich, weiblich oder sächlich?
kniha, kazeta, rádio, škola, computer, salát, fax

„DANKE FÜR" ist im Tschechischen **„DĚKUJU ZA"**

děkuju za + 4. Fall (für + was): *děkuju za fax, za kazetu, za foto*

Übung: **Ü 2**

děkuju za: (kniha, salát, peníze, kazeta, cigareta, rádio, káva, cukr, telegram, pizza, svetr, vesta, papír, fax, banán, všechno)

KONJUGATION „mít / mám"

MÍT / MÁM bedeutet im Tschechischen:
1. **ich habe** (= ich besitze) *Mám čas.*
2. **ich soll** (ich habe Pflicht) *Mám telefonovat do Prahy.*

MÍT (HABEN, SOLLEN)

(já)	mám	(my)	máme	*Negation:*	nemám	nemáme
(ty)	máš	(vy)	máte		nemáš	nemáte
(on, ona)	má	(oni)	mají		nemá	nemají

„mám" gebraucht man im Tschechischen auch in der Redewendung
Jak se máš? Wie geht es dir? (Wörtlich: **Wie sich hast?*)
Jak se máte? Wie geht es Ihnen? Mám se dobře / špatně.
*Mir geht es gut / schlecht. (*Habe sich gut / schlecht)*
Mit **„mám"** verbindet man oft **ein Hauptwort im 4. Fall** (wen, was?)

Co máte? Was haben Sie? **Ü 3**

Bilden Sie Sätze nach dem Muster:

Mám fotoaparát, ale nemám film.
Mám garáž, ale .... a .... Mám televizor, ale .... v ....
Mám peníze, ale .... č .... Mám kávu, ale .... c ....

ZAHLEN 0–20

0 nula	11 jedenáct
1 jeden *(M)*, jedna *(F)*, jedno *(S)*	12 dvanáct
2 dva *(M)*, dvě *(F, S, + Mehrzahl)*	13 třináct
3 tři	14 čtrnáct
4 čtyři	15 patnáct
5 pět	16 šestnáct
6 šest	17 sedmnáct
7 sedm	18 osmnáct
8 osm	19 devatenáct
9 devět	20 dvacet
10 deset	

Ü 4 **Lesen Sie folgende Zahlen:**

8, 12, 19, 13, 4, 15, 9, 0, 20, 3, 16, 1, 8, 6, 11, 10, 5, 2, 7, 18

Ü 5 **Kolik je...? Wieviel ist...?**

2 + 2 = dvě a dvě jsou (je) čtyři
7 – 5 = sedm minus pět je dvě
12 + 1 =
15 + 4 =

3 + 3 =
4 + 5 =
1 + 0 =
20 – 10 =

Ü 6 **Wessen Telefonnumer ist das?**

Jaké číslo má...? Welche Nummer hat...?

Číslo 81 081 má Manuela.
81 081
54 966
32 06 81
0049 / 89 / 360 960–0

Číslo ...
53 01 14
25 64 89
0043 / 732 / 234 76 24
43 259

C: *KOMMUNIKATIVE ÜBUNGEN*

DIALOGE:

- *Paní Nováková:* Prosím vás, jaké číslo má firma TOP FLOP?
  Pan Sovák: Tady to mám, je to Praha 02 a potom 32 06 81.
  Paní Nováková: Děkuju mnohokrát.
  Pan Sovák: Není zač.

- *Pan Tesař:* Volám Prahu 53 01 20, ale je pořád obsazeno.
  Sekretářka: Zkusíme to ještě jednou.

Ü 7 **Variieren Sie:**

die Personen – die Firma – die Nummer – die Stadt

Ü 8 **Sprechen Sie jetzt:**

1. Sie fragen nach der Telefonnumer der Firma Exportex;
2. Sie fragen Manuela, welche Telefonnummer sie hat;
3. Sie fragen, wie man auf Tschechisch „das schmeckt mir“ sagt;
4. Sie fragen Jitka, ob sie Kaffee möchte.

JEDNA FRÁZE DENNĚ

Pondělí: Děkuju vám za všechno! Není zač.
Úterý: Jak se máš? Mám se dobře / špatně.
Středa: Máš čas? Bohužel nemám.
Čtvrtek: Kolik to stojí?
Pátek: Dáte si kávu? Dám si raději čaj.
Sobota: Volám Prahu, ale je obsazeno.
Neděle: Jaké máte číslo?

ano	ja
banán, *m.*	Banane
bohužel	leider
buďte zdráv	seien Sie gesund
cigareta, *w.*	Zigarette
cukr, *m.*	Zucker
čaj, *m.*	Tee
čas, *m.*	Zeit
čí	wessen
číslo, *s.*	Nummer
čtvrtek, *m.*	Donnerstag
dát si, dám si	nehmen, ich nehme
dáte si ...	nehmen Sie...
denně	täglich
do Prahy	nach Prag
fotoaparát, *m.*	Fotoapparat
fráze, *w.*	Phrase
garáž, *w.*	Garage
chutnat, chutná	schmecken, es schmeckt
chvíle, *w.*	Weile
jak	wie
jak se máte?	wie geht es Ihnen?
jaký, jaká, jaké	was für ein, eine, ein
jde to	es geht
jeden, jedna, jedno	ein, eine, ein
káva, *w.*	Kaffee
kazeta, *w.*	Kassette
kniha, *w.*	Buch
kolik	wieviel
laskavost, *w.*	Freundlichkeit
mám se dobře	mir geht es gut
město, *s.*	Stadt
mi	mir
mít, mám	haben, sollen
mléko, *s.*	Milch
nebo, anebo	oder
neděle, *w.*	Sonntag
nějaký	irgendein
není zač	keine Ursache
nevíte?	wissen Sie nicht?
obsazeno	besetzt
papír, *m.*	Papier
park, *m.*	Park
pátek, *m.*	Freitag
peníze, *Pl.*	Geld
pondělí, *s.*	Montag
pořád	immer
potom	dann
prosím vás	ich bitte Sie
radio, *s.*	Radio
radši	lieber
řekne se	man sagt
salát, *m.*	Salat
sobota, *w.*	Samstag, Sonnabend
stát, stojím	stehen
stát, to stojí	kosten, es kostet
středa, *w.*	Mittwoch
svetr, *m.*	Pullover
škola, *w.*	Schule
špatně	schlecht
špenát, *m.*	Spinat
tady, tu	hier
tě	dich
telefonovat	telefonieren
televizor, *m.*	Fernseher
úterý, *s.*	Dienstag
v Praze	in Prag
vesta, *w.*	Jacke, Weste
volat, volám	rufen, anrufen
za	für, in, hinter
zítra	morgen
zkusit, zkusím	etwas versuchen
znamenat, znamená	bedeuten, es bedeutet
žena, *w.*	Frau

3. lekce

INFORMACE

A: *LIEDER, TEXTE*

Haló, zdravím tě

Melodie: *Jamaica Farewell (Volkslied aus Jamaika)*

Haló, zdravím tě

1. *Radek:* **Haló, zdravím tě.**
hallo, sdrawiem t'a
Hallo, (ich) grüße dich.

Věra: **Dobrý den.**
dobrie dän
Guten Tag!

Radek: **Jak se máš celý den? Kdy se zas vrátíš?**
jak sä maasch zälie dän? Gdi sä saß wraat'iesch?
* Wie sich hast (den) ganzen Tag? Wann * sich kommst wieder zurück?

Věra: **Za týden.**
satiedän
In (einer) Woche.

Radek: **A co počasí?**
a zo potschaßie?
Und * was das Wetter?

Věra: **Prší jen.**
prschie jän
(Es) regnet nur.

2. *Radek:* **Haló, co dělá Jana?**
hallo zo d'älaa jana?
Hallo, was macht Jana?

Věra: **Jenom spí.**
jänom ßpie
Nur schläft (sie).

Radek: **Co dělá Dana?**
co d'älaa dana?
Was macht Dana?

Věra: **Všechno ví.**
fschächno wie
Alles weiß (sie).

Radek: **Kdy se zas vrátíš?**
Věra: **Za týden.**
Radek: **A co počasí?**
Věra: **Prší jen.**

3. *Radek:* **Haló, pozdravuj Janu!**
haloo, posdrawuj Janu
Hallo, grüß die Jana!

Věra: **Vyřídím.**
wirschiediem
(Ich) richte aus

Radek: **Pozdravuj Danu!**
posdrawuj danu
Grüß die Dana!

Věra: **Vyřídím.**
wirschiediem
(Ich) richte aus.

Radek: **Kdy se zas vrátíš?**
Věra: **Za týden.**
Radek: **A co počasí?**
Věra: **Prší jen.**

Singen Sie noch einmal:

Haló, zdravím ...., dobrý .... Jak se .... celý ....? Kdy se zas ....? Za .... A co ....? .... jen. Co .... Dana? Jenom .... Co .... Jana? Všechno .... Kdy se ....? Za ....A co ....? .... jen. Haló, ... Janu! Vyřídím! .... Danu! .... Kdy se zas ....? Za .... a co ....? Prší ....

3. lekce

Otvírá se nová škola

(Melodie wie: Dobrý večer, L. 2)

Otvírá se nová škola, → *firma – Petr Jirma / banka – Viktor Blanka / pošta – Milan Vošta*
(Es) öffnet sich (eine) neue Schule,

jsem ředitel Karel Smola.
(ich) bin Direktor Karel Smola.

Bez školy nemůžu žít,
Ohne Schule kann (ich) nicht leben,

ke škole jede můj džíp.
zur Schule fährt mein Jeep.

→ **k firmě jede i můj džíp**
zur Firma fährt auch mein Jeep

→ **k bance jede i můj džíp**
zur Bank fährt auch mein Jeep

→ **k poště jede i můj džíp**
zur Post fährt auch mein Jeep

Školu máme za rohem,
Schule haben (wir) um (die) Ecke,

ve škole jsem každý den.
in (der) Schule bin (ich) jeden Tag.

→ **ve firmě jsem každý den**

→ **v bance sedím každý den**
in der Bank sitze ich jeden Tag

→ **na poště jsem každý den**

Splníme vám každý sen,
(Wir) erfüllen Ihnen jeden Traum,

s naší školou, školou jen.
mit unserer Schule, (mit der) Schule nur.

Singen Sie noch einmal:

Otvírá se nová ...., jsem .... Karel Smola.
Bez .... nemůžu ...., ke .... jede můj džíp.
.... máme za rohem, ve .... jsem každý den.
Splníme vám každý ...., s naší ...., ...jen.

B: *GRAMMATIK, ÜBUNGEN*

TSCHECHISCHE ZEITWÖRTER

Manche tschechische Zeitwörter kennen wir schon von der Lekt. 2: (–í Verben: *mluvit / mluvím, bydlet / bydlím, vědět / vím),* und auch die Hilfsverben *mít / mám* und *být / jsem*).

Ü 1

Ergänzen Sie die Formen von „vědět"

1. Kdo to ....? 2. Jana vždycky všechno .... 3. Už to (ty)? 4. Já .... 5. Ředitel ...., že jste tady. 6. Bruno to ještě .... 7. (wir wissen nicht), co to je. 8. To už přece . ...(vy).

KONJUGATION — FORTSETZUNG

(já)	děl**ám**	(my)	děl**áme**
(ty)	děl**áš**	(vy)	děl**áte**
(on, ona)	děl**á**	(oni)	děl**ají**

Die Nennform: *dělat / machen*
(sie endet auf –t)

Ähnlich:	volá,	dá,	zná,	otvírá ...
Die Nennform:	volat,	dát,	znát,	otvírat, ...

(já)	prac**uju**	(my)	prac**ujeme**
(ty)	prac**uješ**	(vy)	prac**ujete**
(on, ona)	prac**uje**	(oni)	prac**ují**

Die Nennform: *pracovat / arbeiten*

Ähnlich: děkuju / děkovat, opakuju / opakovat, fotografuju / fotografovat und viele weitere, die im Dt. auf –ieren enden (s. „leichte Zeitwörter").

(já)	píš**u**	(my)	píš**eme**
(ty)	píš**eš**	(vy)	píš**ete**
(on, ona)	píš**e**	(oni)	píš**ou** / píší

Die Nennform: *dělat / machen*

Ähnlich: číst / čtu, jít / jdu, jet / jedu, zůstat / zůstanu, ukázat / ukážu, hrát / hraju, pít / piju ...

Ergänzen Sie die richtigen Verbformen:

Ü 2

1. Co (machen Sie)? 2. Pepa (spielt) fotbal. 3. Jana (kocht) kávu. 4. (kennst du) Danu? 5. (Ich bin) raději tady. 6. (Ich fahre) do Prahy. 7. Jarka (trinkt) čaj, Jindra (trinkt) colu. 8. Petr (geht) pěšky. 9. Pan Alzner (schreibt) německy. 10. Alena (wiederholt) ještě jednou. 11. (Danke) mnohokrát. 12. (Ich wohne) v Berouně, ale (ich arbeite) v Praze. 13. Dnes (sich öffnet) nová banka. 14. Kdo to (ruft)?

Was machen die Personen?

Ü 3

KONJUGATION – LEICHTE WÖRTER

Leicht zu erlernende Zeitwörter (sie enden im Deutschen meistens auf *–ieren*, im Tschechischen auf *-ovat*):
Die Deklination wie: pracuju, pracuješ / kontroluju, kontroluješ

absolvovat
adresovat
argumentovat
automatizovat
blokovat
delegovat
demolovat
diktovat
dirigovat
emigrovat
expandovat
faxovat
fotografovat
fungovat
honorovat
charakterizovat
ilustrovat
informovat
iniciovat
inscenovat
inspirovat
kapitulovat
kasírovat (ugs.)
kontrolovat
kombinovat
komentovat
komunikovat
kopírovat
korigovat
kritizovat
likvidovat
mechanizovat
modelovat
modernizovat
montovat
normalizovat
plombovat
polemizovat
portrétovat
praktikovat
privilegovat
reagovat
realizovat
referovat
rekapitulovat
reprezentovat
respektovat
rezervovat
simulovat
stimulovat
specializovat
stornovat
studovat
tancovat
tankovat
tipovat (wetten)
tolerovat
trénovat

Jetzt haben Sie etwa 50 Wörter ganz ohne Mühe verstanden.

Ü 4

Übung:

Ordnen Sie diese internationalen Zeitwörter folgenden Bereichen zu:

Büro / Wirtschaft	Politik	Sonstiges
administrativa / ekonomika	politika	jiné

Ü 5

Ergänzen Sie ein passendes Zeitwort:

1. Trenér .... 2. Kontrolor .... 3. Montér .... 4. Fax .... 5. Dirigent .... 6. Kritik .... 7. Reprezentant .... 8. Fotograf .... 9. Stimulátor .... 10. Student .... 11. Likvidátor .... 12. Simulant .... 13. Referent .... 14. Emigrant .... 15. Ilustrátor ....

DEKLINATION DER WEIBLICHEN HAUPTWÖRTER

Viele weibliche Hauptwörter haben im Tschechischen die Endung –a (s. auch L. 2: káva – kávu). In dem Lied „Otvírá se nová škola" sind alle Fälle samt den häufigsten Vorwörtern. Ergänzen Sie jetzt die neuen Fälle in Ihrer Tabelle (S 123)

Manche Laute ändern sich beim Deklinieren:

k – c:	banka – bance	**g – z:**	Olga – Olze
h – z:	kniha – knize	**r – ř:**	Petra – Petře
s – š:	socha – soše (Statue)		

Andere Laute werden weich (fir**ma** – fir**mě**, pošt**a** – pošt**ě**, Ja**na** – Ja**ně**).

Ü 6

Übung:

Singen Sie das Lied „Otvírá se nová škola" noch einmal, und ersetzen Sie „škola" durch „banka, pošta, firma", und variieren Sie, wie dort angegeben ist.

VORWÖRTER

Tschechische Vorwörter verlangen nicht immer den gleichen Fall wie die deutschen. Die wichtigsten und häufigsten Vorwörter sind:

mit dem 2. Fall: **bez** / ohne; **od** / von (Person oder örtlich); **z, ze** / aus, **do** / nach, bis, in (auf die Frage „wohin")
mit dem 3. Fall: **k, ke** / zu
mit dem 4. Fall: **na** / auf, an; **za** / hinter; **pod** / unter; **nad** / über (wohin?) **přes** / über
mit dem 6. Fall: **na** / auf, an; **v, ve** / in (immer wo?)
mit dem 7. Fall: **s, se** / mit; **pod** / unter; **nad** / über; za / hinter (wo)?

Manche Vorwörter haben **Doppelformen: k / ke, v / ve, s / se, z / ze**. Die Wahl der Form hängt von der Möglichkeit der **Aussprache** ab: nicht *„s školou"*, sondern *„se školou, ze školy"* usw.

Ü 7

Üben Sie:

DO:	**školy**	(firma, káva, omeleta, mapa, banka, kniha, Praha)
OD:	**školy**	(firma, univerzita, Monika, Eva, banka, káva)
Z, ZE:	**školy**	(firma, fakulta, pošta, kavárna, kniha, čokoláda)
K, KE:	**škole**	(firma, káva, banka, pošta, univerzita, kavárna)
PRO:	**školu**	(firma, univerzita, fakulta, Eva, Jana, Dana)
NA:	**poštu** *(wohin?)*	(univerzita, fakulta, ruka, hlava, firma)
V, VE:	**bance** *(wo?)*	(škola, káva, čokoláda, kniha, firma, Praha)
NA:	**poště** *(wo?)*	(univerzita, kniha, mapa, ruka, noha, hlava)
S, SE:	**kávou**	(firma, pošta, škola, Milada, Jitka, cigareta, kniha)

Sagen Sie tschechisch:

Ü 8

Ich fahre nach Prag / ich komme aus der Schule / ich gehe in die Bank / wir haben in der Firma viel Arbeit / wir sind im Kaffeehaus / sie kaufen ein Buch mit Kassette / ohne Jana kann ich nicht leben / jeden Tag bin ich in der Firma / ich gehe auf die Post / er studiert an der Universität / er geht mit Monika / wir kommen ohne Zuzana.

Was gehört nicht dazu?

Ü 9

1. *(wohin?)* do Prahy – z Prahy – od Prahy – k Praze
2. *(wo?)* ve firmě – ve škole – do školy – na poště
3. *(mit wem? / womit?)* Manuelu – s Manuelou – s knihou – s Jitkou
4. *(wohin?)* do firmy – do školy – do kavárny – z Prahy
5. *(wo?)* na poště – na univerzitě – na fakultě – na poštu
6. *(wo?)* ve škole – na poště – v kavárně – do kavárny

ANREDE MIT VORNAMEN

1. Für die Anrede gebraucht man den 5. Fall (Anredefall).

a) **Weibliche auf -a** (Jana): Jano! Dana – Dano! Eva – Evo!
b) **Männliche auf -a** (Jirka): Jirko! Jarda – Jardo!
c) **Andere weibliche** Vornamen bleiben meistens unverändert: Marie – Marie! Elfriede – Elfriede! Doris – Doris!
d) **Männliche Vornamen**, die auf **Konsonanten** enden: Viktor – Viktore! Manfred – Manfrede! Pavel – Pavle! Petr – Petře!
Tomáš – Tomáši! Lukáš – Lukáši!
Männliche auf -ek: Mirek – Mirku! Marek – Marku!
e) **Männliche auf Vokal** bleiben unverändert: Leo! Bruno! Ivo! Radko!

Wie sprechen Sie folgende Personen an?

Ü 10

Jitka, Dana, Alena, Monika, Eva, Manuela, Hana, Tereza, Anna, Doris, Elisabeth, Ruth, Karin, Marie, Elfriede, Katka, Katrin, Bruno, Jirka, Jarda, Tonda, Pepa, Tomáš, Radek, Marek, Markus, Zdeněk

Welche Antwort bedeutet dasselbe?

Ü 11

1. **Bez školy nemůžu žít.**

a) Školu mám rád.
b) Učím se.
c) Jsem ve škole.

2. **Jmenuji se Pavel Maršík.**

a) To jsem já.
b) Já jsem Pavel Maršík.
c) Bydlím v Plzni.

3. **Bydlím v Praze.**

a) Jsem doma v Praze
b) Mluvíte česky?
c) Jsem Čech.

4. **Jak je to česky?**

a) Je to dobře česky?
b) Jsem v Praze.
c) Jak se to řekne česky?

3. lekce

C: *KOMMUNIKATIVE ÜBUNGEN*

DIALOGE:

Ü 12

- *Anna:* Ahoj, jak se máš?
  Jitka: Dobře, a co ty? Co děláte?
  Anna: Dnes jedeme do Prahy.
  Jitka: Kdy se vrátíte?
  Anna: Zítra.
  Jitka: Pozdravuj Jardu!
  Anna: Vyřídím.

Variieren Sie:
– Personen
– Tätigkeit
– Zeit

Ü 13

- *Manfred:* Ahoj, jaké máte počasí?
  Alena: Je pěkně a teplo a svítí slunce.
  Manfred: No vidíš, tady je zima a prší.
  Alena: A máš se?
  Manfred: Jde to, ale mám hodně práce.
  Alena: To nevadí, buď rád.

Variieren Sie:
– Personen
– Wetter
– Tätigkeit

Ü 14

- *Pan Mašek:* Jak se máte, pane Schwarz?
  Pan Schwarz: Dobře, a vy?
  Pan Mašek: Děkuji, taky dobře. Kdy jste zase tady?
  Pan Schwarz: Za týden.

Variieren Sie:
– Personen
– Ziel
– Zeit

Ü 15

Sprechen Sie:

Kdo: Jana s Danou, paní Dostálová s paní Schwarzovou, pan Pammer s panem Havlem, paní Černá s panem Nußbaumerem

Téma: počasí (pěkně, teplo, zima, prší, neprší)
jak se máš / máte (dobře, špatně, jde to)
co dělá ...
pozdravuj / pozdravujte
ano, dobře, děkuju, vyřídím ...

Ü 16

Wie ist das Wetter?

JEDNA FRÁZE DENNĚ

Pondělí: Jak se máš? Jak se máte? Děkuji, dobře. Jde to. Špatně.
Úterý: Pozdravuj doma! Vyřídím.
Středa: Co děláš?
Čtvrtek: Už všechno vím.
Pátek: Každý den jsem ve škole (ve firmě, v bance).
Sobota: Je to hned za rohem.
Neděle: Je pěkně a teplo, slunce svítí.

3. lekce

banka, *w.*	Bank	pít, piju	trinken
bez	ohne	počasí, *s.*	Wetter
buď rád	sei froh	pod	unter
celý	ganz	pošta, *w.*	Post
číst, čtu	lesen	pozdravovat, pozdravuju	grüßen
čokoláda, *w.*	Schokolade	práce, *w.*	Arbeit
dělat, dělám	machen	prší	es regnet
dnes	heute	přece	doch
do	nach, bis, in	přijet, přijedu	kommen
doma	zu Hause	psát, píšu	schreiben
džíp, *m.*	Jeep	ruka, *w.*	Hand, Arm
firma, *w.*	Firma	ředitel, *m.*	Direktor
hlava, *w.*	Kopf	s	mit
hodně	viel	sedět, sedím	sitzen
hrát, hraju	spielen	sen, *m.*	Traum
informace, *w.*	Information	slunce, *s.*	Sonne
jet, jedu	fahren	spát, spím	schlafen
jít, jdu	gehen	splnit, splním	erfüllen
k	zu	svítit, svítí	scheinen
k nám	zu uns	teplo, teplý	warm
kavárna, *w.*	Café	to nevadí	das macht nichts
každý, každá, každé	jeder, jede, jedes	týden, *m.*	Woche
kdy	wann	ukázat, ukážu	zeigen
mapa, *w.*	Landkarte, Mappe	vědět, vím	wissen
moci, můžu	können	vrátit se	zurückkommen
můj, moje, moje	mein, meine, mein	vyřídit, vyřídím	ausrichten
na	auf, an, in	vždycky	immer
nad	über	z	aus
náš, naše, naše	unser, unsere, unser	za rohem (wo?)	um die Ecke
noha, *w.*	Fuß, Bein	zas, zase	wieder
nový, nová, nové	neu	zdravím tě	ich grüße dich
od	von, seit	zdravit, zdravím	grüßen
omeleta, *w.*	Omelette	zima, *w.*	kalt, Winter
otvírat, otvírám	eröffnen	znát, znám	kennen
pěkně	schön	zůstat, zůstanu	bleiben
pěšky	zu Fuß	žít, žiju	leben

4. lekce

JÍDLO A PITÍ

A: *LIEDER, TEXTE*

Co si dáte k jídlu?

Melodie: *He's Got the Whole World in His Hand (Amerikanisches Spiritual)*

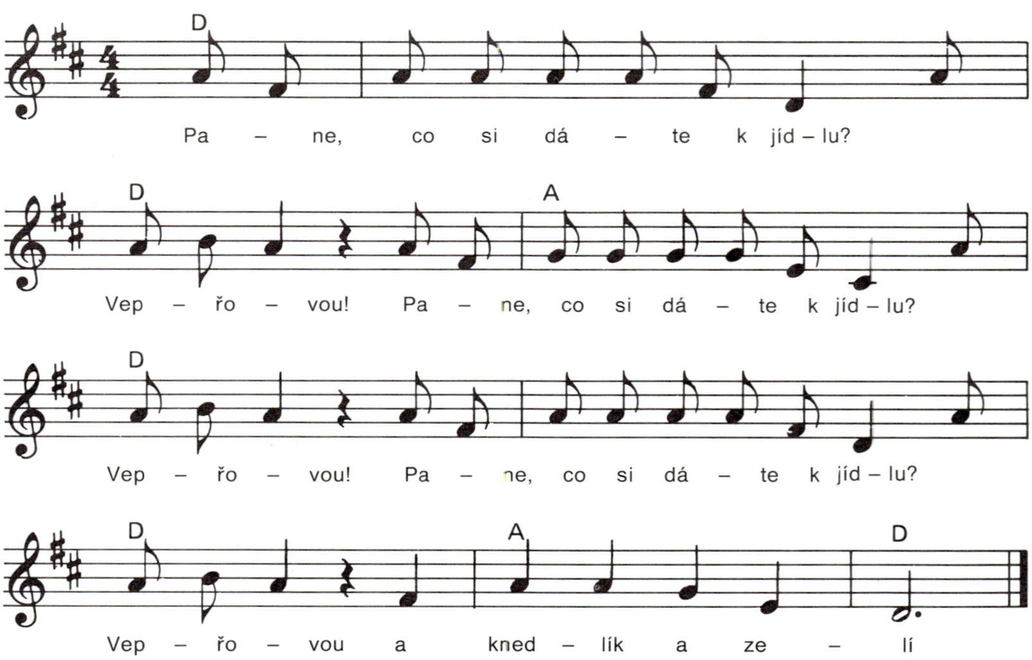

Co si dáte k jídlu?

A: Co si dáte k jídlu? B: Vepřovou.
co ßi daatä kjiedlu? wäprschowou
Was * (Sie) sich geben zum Essen? Schweinebraten.

A: Co si dáte k jídlu? B: Vepřovou.
co ßi daatä kjiidlu? wäprschowou
Was ...

A: Co si dáte k jídlu? B: Vepřovou, knedlík a zelí.
co ßi daatä kjiedlu? wäprschowou, knädliek a sälie.
Was * (Sie) sich geben zum Essen? Schweinebraten, Knödel und Kraut.

A: Přejete si k pití? B: Pivo – Bier.
prschäjätä ßi kpitʲie? piwo – Bier.
(Sie) wünschen sich zum Trinken? Bier.

A: Přejete si k pití? B: Pivo – Bier.
prschäjätä ßi kpitʲie? piwo – Bier
(Sie) wünschen sich zum Trinken? Bier.

A: Přejete si k pití?
prschäjätä ßi kpitʲie?
(Sie) wünschen sich zum Trinken?

B: Pivo – Bier, a hned čtyři – vier!
piwo – bier, a hnät schtirschi – vier.
Bier – und gleich vier!

B: Pane vrchní, platím! A: Přijdu hned!
panä wrchnʲie, platʲiem! prschiedu hnät!
Herr Ober, (ich) zahle! (Ich) komme gleich!

B: Pane vrchní, platím! A: Přijdu hned!
panä wrchniʲe, platʲiem! Prschiedu hnät!
Herr Ober, ...

B: Pane vrchní, platím!
panä wrchnʲie, platʲiem!
Herr Ober, ich zahle!

A: Ještě pět dostanete zpět.
jäschtʲä pjät doßtanätä ßpjät.
Noch fünf bekommen Sie zurück.

Singen Sie noch einmal:

Co si dáte ....? Vepřovou. Co si dáte ....? Vepřovou. Co si .... k jídlu? Vepřovou, ... a zelí.
Přejete si ....? .... – Bier. Přejete si ....? .... – Bier. Přejete si ....? .... – Bier, a hned .... – vier.
Pane vrchní, ...! Přijdu ....! Pane ...., platím! .... hned. Pane ...., platím! Ještě pět .... zpět.

V RESTAURACI

Vrchní: Dobrý den, budete obědvat, prosím?
Host: Ano, prosím jídelní lístek.
Vrchní: Máte vybráno, prosím?
Host: Vídeňskou roštěnou s rýží a salát.
Host: A pro mě svíčkovou s knedlíkem a brusinky.
Vrchní: Co si přejete k pití?
Host: Malé pivo.
Host: Minerálku.
Vrchní: Okamžik, prosím.

Za chvíli:
Vrchní: Tak, tady je roštěná a salát a pro vás svíčková, pane.
Host + host: Ještě pivo a minerálku, prosím vás.
Vrchní: Už to nesu. Dobrou chuť!

Za chvíli:
Host: Pane vrchní, platím!
Vrchní: Přijdu hned. – Dohromady nebo zvlášť?
Host: Dohromady.

Vrchní: Tak, to máme jednou roštěnou s rýží a salát, jednou svíčkovou, malé pivo a minerálku. Všechno, prosím?
Host: Všechno.
Vrchní: To dělá celkem 142,80.
Host: Sto padesát.
Vrchní: Děkuji mnohokrát a na shledanou.

B: *GRAMMATIK, ÜBUNGEN*

jíst (essen)				**pít (trinken)**			
(já)	**jím**	(my)	**jíme**	(já)	pij**u**	(my)	pij**eme**
(ty)	**jíš**	(vy)	**jíte**	(ty)	pij**eš**	(vy)	pij**ete**
(on, ona)	**jí**	(oni)	**jí**, jed**í**	(on)	pij**e**	(oni)	pij**í**

LEICHTE WÖRTER:

M.	W.	S.	Pl.
guláš	pizza	lečo	špagety
špenát	vodka	kakao	makarony
pudink	limonáda	espresso	nudle
jogurt	paprika	mango	ravioli
salát	cola	kiwi	tortellini
kotlet	mandarinka	filé	krevety
biftek	konzerva		
kokos	vanilka		
hamburger	becherovka		
sekt	minerálka		
banán	soda		
ananas	oliva		
špenát	omeleta		

Co jíte rád? Co pijete rád?

Ü 1

Gebrauchen Sie die leichten Wörter.
„rád" sagt ein Mann, **„ráda"** eine Frau.

Jím rád/a salát a piju sekt.
Jím ...
Dám si ...
Rád piju / jím ...

TSCHECHISCHE EIGENSCHAFTSWÖRTER

Das tschechische Eigenschaftswort kann in zweierlei Positionen stehen:

1. **vor dem Hauptwort** *(dobrá káva, moderní sako)*
2. **im Prädikat:** ist + Eigenschaftswort : *káva je dobrá.*

Im Tschechischen sind zwei Typen von Eigenschaftswörtern:

1. **weiche** (sie enden immer mit **-í**, werden weich ausgesprochen und **ändern sich nicht** nach dem Geschlecht: *moderní, pozitivní*

2. **harte** – sie richten ihre **Endungen** nach dem Geschlecht des jeweiligen Hauptwortes:

	männlich	**weiblich**	**sächlich**
1. Fall	moderní svetr	moderní blůza	moderní sako
4. Fall	moderní svetr	moderní blůz**u**	moderní sako
	männlich	**weiblich**	**sächlich**
1. Fall	dobrý salát	dobrá káva	dobré pivo
4. Fall	dobrý salát	dobr**ou** káv**u**	dobré pivo

Ergänzen Sie:

Ü 2

modern- blůza, vanilkov- jogurt, vepřov- guláš, zeleninov- lečo, siln- espresso, italsk- špagety, karlovarsk- becherovka, zelen- špenát, žlut- banán, studen- minerálka, tepl- kakao, čern- káva

Viele Eigenschaftswörter werden von von den jeweiligen Hauptwörtern mit der Endung -ový, -ová, -ové gebildet:

kakao + -ový = kakaový (aus Kakao)
sýr + -ový = sýrový (aus Käse)

4. lekce

Endet das Hauptwort auf -a, -e, -y, fällt dies weg:

zelenina – zeleninový
čokoláda – čokoládový
brambory – bramborový

Ü 3

Übung: Bilden Sie weitere Eigenschaftswörter und verbinden Sie diese mit einem Hauptwort (im Unterschied zum Deutschen sind hier keine Zusammensetzungen, sondern zwei Wörter).
Die Endung des Eigenschaftswortes richtet sich nach dem Geschlecht des Hauptwortes (die meisten männlichen enden auf Konsonanten, die meisten weiblichen auf -a, die meisten sächlichen auf -o).

1. čokoláda	+	dort	=	*čokoládový dort*
2. brambory	+	polévka	=	
3. šunka	+	salám	=	
4. sýr	+	roláda	=	
5. pomeranč	+	džus	=	
6. jablko	+	závin	=	
7. mandle	+	likér	=	
8. zelenina	+	salát	=	
9. okurka	+	salát	=	

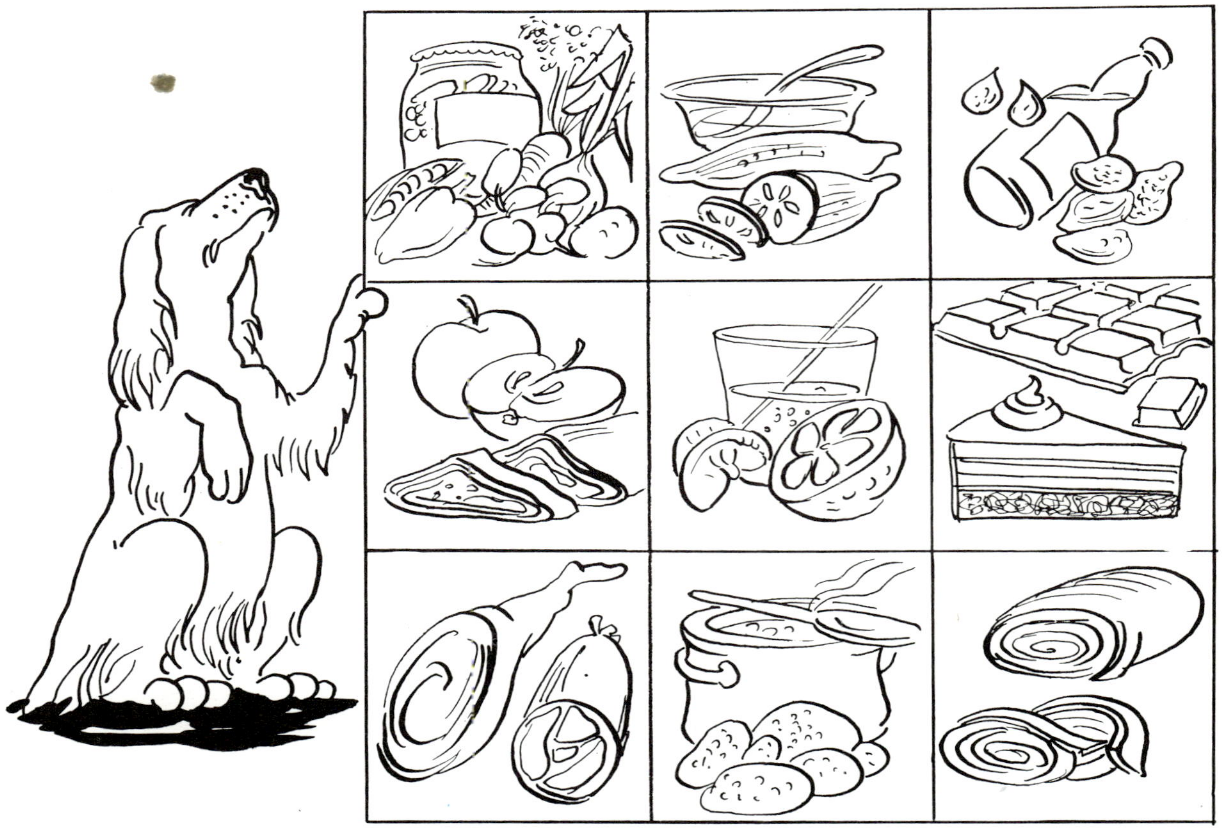

Ü 4

Ordnen Sie die Speisen den Bildern zu!

Ü 5

Sprechen Sie jetzt weiter nach den Bildern:
(Die Eigenschaftswörter sind im 4. Fall)

- A: Co si dáš k jídlu?
  B: Dám si (2).

- A: Máš chuť na (1)?
  B: Ne, dám si (6)

- A: Dáš si (9)?
  B: Ne, raději (4)

- A: Piješ (7)?
  B: Ne, dám si (5).

4. lekce

ZAHLEN 21–199

Zahlen über 20 sind im Tschechischen einfacher als im Deutschen. Es ist wichtig, sich die Zehnerzahlen zu merken. Sie sind von den Grundzahlen abgeleitet:

20	**dvacet**	21	**dvacet jedna**
30	**třicet**	22	**dvacet dva**
40	**čtyřicet**	23	**dvacet tři**
50	**padesát**	24	**dvacet čtyři**
60	**šedesát**	25	**dvacet pět**
70	**sedmdesát**	26	**dvacet šest**
80	**osmdesát**	27	**dvacet sedm**
90	**devadesát**	28	**dvacet osm**
100	**sto**	29	**dvacet devět**

Die Zahlen **über 20** werden folgendermaßen zusammengesetzt:

Zehner + Grundzahl
dvacet + **šest**

Hunderter + Zehner + Grundzahl
sto + **dvacet** + **šest**

Die Zahlen werden **nicht zusammengeschrieben**.

Lesen Sie folgende Zahlen:

Ü 6

62, 33, 77, 56, 89, 60, 54, 45, 32, 44, 132, 154, 78, 169, 199, 122

KOLIK TO STOJÍ? WIEVIEL KOSTET DAS?

koruna, marka (weiblich)			**šilink, frank, dolar (männlich)**	
1	jedna	koruna, marka	jeden	šilink, frank, dolar
2	dvě	koruny, marky	dva	šilinky, franky, dolary
3	tři	koruny, marky	tři	šilinky, franky, dolary
4	čtyři	koruny, marky	čtyři	šilinky, franky, dolary
5	pět	und weiter	pět	šilinků, franků, dolarů
	pět	korun, marek		

Bei den Namen der Währungen wird zwischen den männlichen und den weiblichen unterschieden (ähnlich wie im Deutschen): **koruna**, **marka** sind weiblich, **dolar, frank, šilink** männlich. Deshalb sind da unterschiedliche Endungen.

Ab **5** (pět) **ändern sich die Endungen** und gehen in derselben Form weiter:
pět korun, pět marek, pět franků
sto korun, sto marek, sto franků

und auch: **hodně (málo, několik) korun**, marek, šilinků, franků (wie nach 5).

2,40 Kč – dvě koruny čtyřicet (haléřů)
5,50 DM – pět marek padesát (feniků)
2,50 US $ – dva dolary padesát (centů)

Ü 7

Kolik to stojí?

1. Lesen Sie jetzt die Preise in der Speisekarte (S. 34):

2.

Kolik stojí:	benzin	pivo	minerálka	káva	pizza	čokoláda
v Německu						
v Rakousku						
ve Švýcarsku						
v České republice						

DIE HAUPTMAHLZEITEN SIND: SNÍDANĚ – OBĚD – VEČEŘE

mám k snídani snídám	k obědu obědvám	k večeři večeřím

Eine Zwischenmahlzeit heißt svačina (mám k svačině, svačím).

C: *KOMMUNIKATIVE ÜBUNGEN*

Ü 8

Ist das richtig?

1. Zmrzlina je předkrm.
2. Roštěná je maso.
3. Červené víno je hlavní jídlo.
4. Dám si obložený chlebíček s dortem.
5. K pití prosím chleba se salámem.

Ü 9

Kdo co jí?

	paní Voříšková	pan Brož	Pavel	Jitka	Vy
snídaně	káva, koláč	čaj, chléb se sýrem	kakao houska	banán	...
oběd	kuře, salát	guláš s knedlíkem	lečo, brambor	špenát, maso brambory	...
večeře	houska se salámem	polévka, maso, rýže	šunka, houska	salát	...

Variieren Sie „im Restaurant“ im Teil A:

Ü 10

1. Die Tagesmahlzeit
2. Die Speisen und Getränke
3. Die Preise
4. Bezahlungsart und Preis

Was gehört nicht dazu?

Ü 11

1. káva – čaj – mléko – polévka – minerálka
2. maso – kuře – zelenina – kotlet – řízek
3. vidlička – lžíce – nůž – šálek
4. šálek – vidlička – sklenice – talíř
5. pivo – chleba – salát – řízek

Was gehört dazu?

Ü 12

večer – večeře /	poledne – ...
vepřová – hlavní jídlo /	zmrzlina – ...
pstruh – ryba /	kotlet – ...
čaj – piju /	polévka – ...

JEDNA FRÁZE DENNĚ

Pondělí: Dobrou chuť!
Úterý: Na zdraví!
Středa: Prosím jídelní lístek.
Čtvrtek: Pane vrchní, platím.
Pátek: Mám chuť na pivo.
Sobota: Čtyři koruny, pět korun, šest korun.
Neděle: Čtyři šilinky, pět šilinků, šest šilinků.

bílý	weiß
blůza, *m.*	Bluse
brambory, *Pl.*	Kartoffeln
brusinky, *Pl.*	Preiselbeeren
budete obědvat?	möchten Sie zu Mittag essen?
celkem	zusammen, insgesamt
černý	schwarz
červený	rot
dobrou chuť!	Guten Appetit!
dohromady	zusammen
dort, *m.*	Torte
dostat, dostanu	bekommen
džus, *m.*	Juice
frank, *m.*	Frank
guláš, *m.*	Gulasch
haléř, *m.*	Heller
hlavní jídlo, *s.*	Hauptspeise
hned	gleich
host, *m.*	Gast
houska, *w.*	Brötchen, Semmel
chléb, *m.*	Brot
chuť, *w.*	Appetit
italský	italienisch
jablko, *s.*	Apfel
jídelní lístek, *m.*	Speisekarte
jídlo, *s.*	Essen
jist, jím	essen
knedlík, *m.*	Knödel
koláč, *m.*	Kuchen
koruna, *w.*	Krone
kotlet, *m.*	Kotlett
kuře, *s.*	Brathuhn, Brathendl
lečo, *s.*	Letscho
likér, *m.*	Likör
lžíce, *w.*	Löffel
lžička, *w.*	kleiner Löffel
malý, malá, malé	klein, kleine, klein
mandle, *w.*	Mandel
marka, *w.*	Mark
maso, *s.*	Fleisch
minerálka, *w.*	Mineralwasser
moderní	modern
na zdraví!	zum Wohl!
nést, nesu	bringen
nůž, *m.*	Messer
oběd, *m.*	Mittagessen
obědvat, obědvám	zu Mittag essen
obložený chlebíček, *m.*	belegtes Brötchen
okamžik, *m.*	Augenblick
okurka, *w.*	Gurke
padesát	fünfzig
pane vrchní!	Herr Ober!
pití, *s.*	Trinken
pivo, *s.*	Bier
platit, platím	zahlen, gelten
polévka, *w.*	Suppe
pomeranč, *m.*	Apfelsine, Orange
pro vás	für Sie
přát si, přeju si	sich wünschen
předkrm, *m.*	Vorspeise
přijít, přijdu	kommen (zu Fuß)
pstruh, *m.*	Forelle
roštěná, *w.*	Rostbraten
ryba, *w.*	Fisch
rýže, *w.*	Reis
řízek, *m.*	Schnitzel
sako, *s.*	Sakko
salám, *m.*	Wurst

4. lekce

silný, silná, silné	stark	vepřová, *w.*	Schweinebraten
sklenice, *w.*	Glas (zum Trinken)	vidlička, *w.*	Gabel
snídaně, *w.*	Frühstück	víno, *s.*	Wein
snídat, snídám	frühstücken	vybráno	ausgewählt
studený	kalt	závin, *m.*	Strudel
svačina, *w.*	Jause	zelenina, *w.*	Gemüse
svíčková, *w.*	Sauerbraten	zeleninový	aus Gemüse
sýr, *m.*	Käse	zelený	grün
šálek, *m.*	Tasse	zelí, *s.*	Kohl, Kraut
šilink, *m.*	Schilling	zmrzlina, *w.*	Eis
šunka, *w.*	Schinken	zpět, zpátky	zurück
talíř, *m.*	Teller	zvlášť	getrennt
večeře, *w.*	Abendessen	žlutý	gelb

KDE JE TO?

A: *LIEDER, TEXTE*

Ukažte mi prosím cestu

Melodie: *Tom Dooley*
(Amerikanisches Cowboylied)

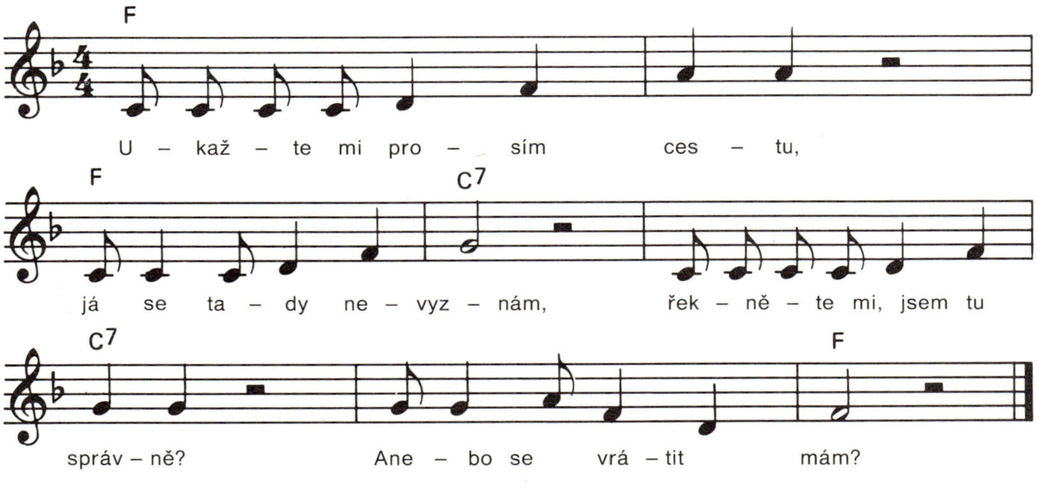

5. lekce

Ukažte mi prosím cestu

Markus: **Ukažte mi prosím cestu, já se tady nevyznám.**
Řekněte mi, jsem tu správně, anebo se vrátit mám?
Paní: **Co hledáte?**

Markus: **Hledám firmu Export–Import, je to Žitná 25.**
Řekněte mi, jsem tu správně, nebo se mám vrátit zpět?
Paní: **Jděte ještě kousek rovně, uvidíte nový dům,**
to je firma Export–Import, číslo má 27.

Singen Sie noch einmal:

Ukažte mi prosím ...., já se tady ...., řekněte mi, jsem tu ...., anebo se .... mám? Hledám .... Export–Import, je to Žitná ...., řekněte mi, jsem tu ...., nebo se .... vrátit ....?
.... ještě kousek ...., uvidíte nový ...., to je .... Export–Import, ..., má 27.

Kde je tady hospoda?

Melodie: *Old MacDonald Had a Farm (Amerikanisches Volkslied)*

5. lekce

Kde je tady hospoda?

Pan Donald: **Kde je tady hospoda, mám už velký hlad.**
Kde je tady hospoda, mám už velký hlad.
Paní Čechová: **Na náměstí, na náměstí, a u parku, a u parku,**
na náměstí je hospoda.
Pan Donald: **Děkuju mnohokrát.**

Pan Donald: **Kde je tady náměstí, neznám to tady.**
Kde je tady náměstí, neznám to tady.
Paní Čechová: **Jděte doprava a pak doleva,**
zahněte za roh a potom rovně.
Přijdete na náměstí, tam je hospoda.

Singen Sie noch einmal:

Kde je tady ....? Mám už velký .... Na .... a u .... Na .... je ....! Děkuju .... Kde .... náměstí? .... to tady ...., ... doprava a pak .... zahněte .... a potom .... Přijdete na ...., tam je ....

DIALOGE

- *Turista:* Prosím vás, kde je tady banka?
  Paní Marková: Asi 50 metrů doleva, rovně a tam už to uvidíte.

- *Turista:* Prosím vás, znáte to tady?
  Pán: Ano, co hledáte?
  Turista: Hledám hotel Bohemia.
  Pán: To není daleko, jeďte až k semaforu a tam doprava a tam už uvidíte hotel.

B: *GRAMMATIK, ÜBUNGEN*

BEFEHLSFORM

Manchen Befehlsformen sind wir in unseren Liedern schon begegnet. Erinnern Sie sich:

řekněte to ještě jednou	*(1. lekce)*
opakujte prosím znovu	*(1. lekce)*
buďte zdráv	*(2. lekce)*
pozdravuj Janu	*(3. lekce)*
ukažte mi prosím cestu	*(4. lekce)*
jděte rovně, doprava	*(4. lekce)*

Die Befehlsform bildet man im Tschechischen für die **2. Person Einzahl** und für die **1. und 2. Person Mehrzahl**. Für uns sind die 2. Pers. Sg. (du) und die 2. Pers. Pl. (ihr und Sie) wichtig. Sie werden von den einzelnen Zeitwortgruppen folgendermaßen gebildet:

5. lekce

a) vom Stamm / ohne Endung -! / -te!

mluvím	mluv!	mluv**te!**	
prosím	pros!	pros**te**!	
vyřídím	vyřiď!	vyřiď**te**!	(d, t, n im Stamm – ď, ť, ň)
svítím	...	...	
vrátím se	...	...	
učím se	uč se!	uč**te** se!	(se bleibt beim Zeitwort)
pracuju	pracuj!	pracuj**te**!	
fotografuju	...	...	
opakuju	...	...	
píšu	piš!	piš**te**!	
jedu	...	...	(ď!)

Ü 1

Sagen sie in der Befehlsform:

1. Vrátíš se brzy. 2. Prosím, opakujete ještě jednou. 3. Jedete raději autem. 4. Učíš se každý den. 5. Pozdravuješ Janu. 6. Jedeš opatrně. 7. Dano, píšeš pomalu.

b) vom Stamm -i! / -ete / -ěte! (dort, wo man die Befehlsform ohne Endung (2. Sg.) oder ohne Verbindungs -e (2. Pl.) schwer aussprechen kann:

bydlím	bydl**i**!	bydl**ete**!
spím	sp**i**!	sp**ěte**!
řeknu	řekn**i**!	řekn**ěte**!
jdu	jd**i**	jd**ěte**!
zahnu	...	...

Ü 2

Sagen sie in der Befehlsform:

1. Raději už spíš. 2. Řeknete to ještě jednou. 3. Řekneš něco. 4. Jdete doleva. 5. Zahnete za roh a jdete rovně.

c) Stamm -ej! / -ejte! (bei den -á / Verben)

dělám	děl**ej**!	děl**ejte**
volám	vol**ej**	vol**ejte**!
hledám	...	...
mám	m**ěj**	...
říkám	...	...

Ü 3

Sagen sie in der Befehlsform:

1. Děláš rychle něco. 2. Voláš Prahu. 3. To raději neříkáš. 4. Máte se dobře. 5. Hledáte ještě jednou. 6. To neděláš.

d) Hilfsverb sein/být

jsem	buď!	buďte!

Ü 4

Sagen sie in der Befehlsform:

1. Jsi rád. 2. Jste tady. 3. Prosím tě, jsi doma. 4. Jste zdrávi. 5. Jsi zdráv. 6. Jste tak hodný. 7. Jsi tak hodný.

Ü 5

Wie lautet die Befehlsform?

1. Jdeš doleva. 2. Píšeš dopis. 3. Děláte jídlo. 4. Telefonuješ panu Pammerovi. 5. Řekneš všechno. 6. Opakujete znova. 7. Jsi zdráv. 8. Máš se dobře. 9. Mluvíte pomalu. 10. Vyřídíš pozdrav.

UMSTANDSWÖRTER DES ORTES

WO?	naLevo – napRavo	(links – rechts)
WOHIN ? KAM?	doLeva – dopRava	(nach links – nach rechts)
WO? KDE?	nahoře – dole	(oben – unten)
WOHIN? KAM?	nahoru – dolů	(nach oben – nach unten)
WO? KDE?	vpředu – vzadu	(vorn – hinten)
WOHIN? KAM?	dopředu – dozadu	(nach vorn – nach hinten)

Co je nalevo – napravo – nahoře – dole? **Ü 6**

Ergänzen Sie die Richtung: **Ü 7**

1. Banka je vlevo. Jdu ...
2. Škola je vpravo. Jděte ...
3. Restaurace je vzadu. Jděte ...
4. Vy jste dole? Pojďte ...!
5. Proč sedíš vzadu? Pojď ...!
6. Je to tam vpravo. Jdeme ...

DEKLINATION

In der 2. und 3. Lektion besprachen wir die Grundlagen der Deklination: die weiblichen Hauptwörter auf -a, den 1. und 4. Fall der männlichen unbelebten und der sächlichen Hauptwörter. Jetzt kommen weitere Fälle dazu: Lernen Sie sie und ergänzen Sie dann Ihre Tabelle (S. 123). Die Fälle sind mit den häufigsten Vorwörtern angegeben.

M – unbelebt		W	S -o	S -í	
1.	film	1. škol**a**	1. měst**o**	1.	náměst**í**
2. (bez)	film**u**	2. škol**y**	2.	2. (u)	náměst**í**
3. (k)	film**u**	3. škol**e**	3.	3. (k)	náměst**í**
4.	film	4. škol**u**	4. měst**o**	4. (na)	náměst**í**
5.	–	5. –	5. –	5. –	
6. (o)	film**u**	6. škol**e**	6.	2. (na)	náměst**í**
7. (s)	film**em**	7. škol**ou**	7.	7. (s)	náměst**ím**

Deklination wie „film“: park, computer, fax, dům, dopis, oběd ...
Deklination wie „škola“: banka, firma, káva, Jana, pošta ...
Deklination wie „město“: auto, divadlo, kolo, kino, rádio
Deklination wie „náměstí“: zdraví, štěstí, nádraží ...

8 Ü

Ergänzen Sie:

náměstí:
1. V Praze je Václavské .... 2. U Václavského .... je parlament. 3. K Václavskému .... to není daleko od .... (Bahnhof, 2.) 4. Jdeme také na Václavské .... 5. Na Václavském .... koupíme pivo a kávu. 6. Pak procházíme Václavským ....

park:
1. Tady je pěkný .... 2. Bydlíme hned u .... 3. K .... to není daleko. 4. Chodíme často do .... 5. V .... jsme celý den. 6. Procházíme se ....

auto:
1. To je .... Škoda. 2. Máme nové .... 3. Jedeme ....

Ü 9

Welche Antwort paßt?

1. Kde je tady metro?
a) Hledám metro.
b) Bohužel nevím.
c) Je to číslo 27.

2. Mám se vrátit?
a) Ne, tady jste správně.
b) Za týden.
c) Není to daleko.

3. Je to daleko?
a) Jedu metrem.
b) Pět minut pěšky.
c) Tady je tramvaj.

4. Hledáte něco?
a) Bohužel nevím.
b) Firmu Bosch.
c) Jděte kousek rovně.

Ü 10

Was gehört nicht dazu?

1. nalevo – napravo – nahoře – dolů
2. kam – za roh – rovně – nahoru
3. metro – auto – autobus – ulice
4. policie – ministerstvo – banka – semafor
5. pěšky – auto – tramvaj – taxi
6. náměstí – ulice – dům – auto
7. daleko – za rohem – pěšky – blízko

C: *KOMMUNIKATIVE ÜBUNGEN*

Ü 11

Führen Sie Gespräche:

(Folgende Wörter und Wendungen können Ihnen helfen)

Prosím vás, nevíte, kde ...
Ukažte mi prosím ...
Hledám ...
Znáte to tady?
Prosím vás, já hledám ...

banka
pumpa
univerzita
firma XY
škola
nádraží
hlavní náměstí
stanice metra
poliklinika
ministerstvo
muzeum

Jděte rovně
Není to daleko
Na rohu doprava
Jeďte metrem
Jděte pěšky
Jedete autem?
U semaforu doleva
Bohužel to tu neznám
Myslím, že je to ten vysoký dům
Bohužel nevím
Zeptejte se tamhle

Wo ist...

Ü 12

nádraží – stadion – muzeum – nemocnice – škola – kostel – sportovní hala – obchodní dům – kavárna – hotel – banka – kino – policie – pošta – parkoviště

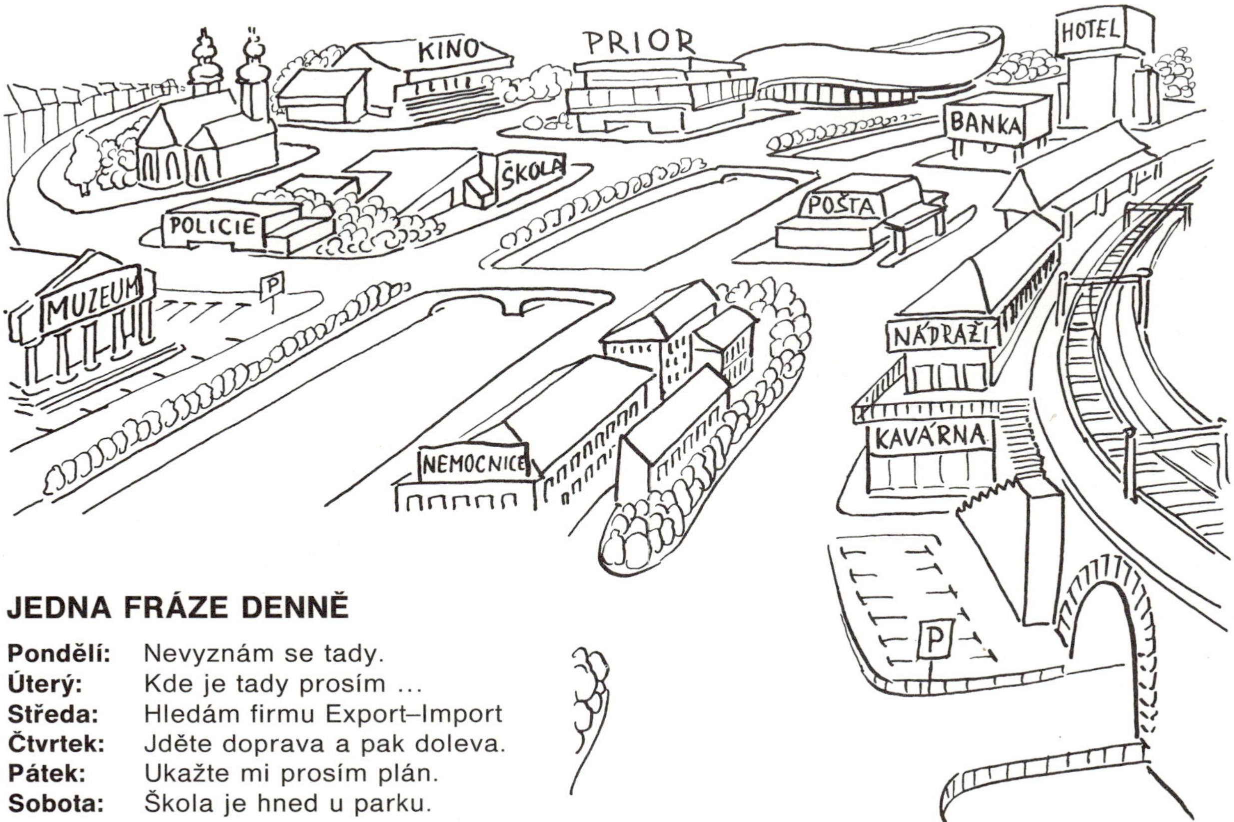

JEDNA FRÁZE DENNĚ

Pondělí: Nevyznám se tady.
Úterý: Kde je tady prosím ...
Středa: Hledám firmu Export–Import
Čtvrtek: Jděte doprava a pak doleva.
Pátek: Ukažte mi prosím plán.
Sobota: Škola je hned u parku.
Neděle: Jdeme na náměstí.

až	bis, wenn
blízko	nahe
cesta, *w.*	Weg, Reise
daleko	weit
divadlo, *s.*	Theater
doleva	nach links
doprava (wohin)	nach rechts
dům, *m.*	Haus
hlad, *m.*	Hunger
hlavní	Haupt–
hledat, hledám	suchen
hodný	brav
hospoda, *w.*	Gasthaus
jděte!	gehen Sie!
jeďte!	fahren Sie!
kam	wohin
kolo, *s.*	Rad, Kreis, Fahrrad
kostel, *m.*	Kirche
koupit, koupím	kaufen
kousek, *m.*	ein kleines Stück
nádraží, *s.*	Bahnhof
nalevo	links
náměstí, *s.*	Marktplatz
napravo	rechts
něco	etwas
nemocnice, *w.*	Krankenhaus
obchodní dům, *m.*	Warenhaus
opatrně	vorsichtig
pak, potom	dann
parkoviště, *s.*	Parkplatz
pomalu	langsam
pozdrav	Gruß
procházet se, procházím se	spazieren
ptát se, ptám se	fragen
pumpa, *w.*	Tankstelle
rovně	geradeaus
semafor, *m.*	Ampel
správně	richtig
stanice, *w.*	Haltestelle
štěstí, *s.*	Glück
tamhle	dort
u	bei, při
ulice, *w.*	Straße
uvidět, uvidím	erblicken
velký	groß
vyznat se	sich auskennen
za roh	um die Ecke (wohin)
zahnout, zahnu	abbiegen
zdraví, *s.*	Gesundheit
zdravý, zdravá, zdravé	gesund
zeptat se, zeptám se (2)	fragen

6. lekce

KDY A KDE?

A: *LIEDER, TEXTE*

Pojďte se mnou do kina!

Melodie: *Hail! Hail! The Gang's All Here (Gilbert and Sullivan)*

Pojďte se mnou do kina!

Ve čtvrtek:
Pan Roth: Pojďte se mnou do kina!
Paní Zemanová: Bohužel nemůžu, bohužel nemůžu.
Pan Roth: Pojďte se mnou do kina!
Paní Zemanová: Bohužel nemůžu, ne!

V pátek:
Pan Roth: Pojďte se mnou na koncert!
Paní Zemanová: Mám už jiný program, mám už jiný program.
Pan Roth: Pojďte se mnou na koncert!
Paní Zemanová: Mám už jiný program, ne!

V sobotu:
Pan Roth: Pojďte se mnou do baru!
Paní Zemanová: No dobře, tak jdeme, no dobře, tak jdeme.
Pan Roth: Pojďte se mnou do baru!
Paní Zemanová: No dobře, půjdu ráda!

Singen Sie noch einmal:

Pojďte se .... do ....! Bohužel ...., bohužel ....
Pojďte se .... do ....! Bohužel ...., ne!
Pojďte se .... na ....! Mám už .... program, mám už .... program.
Pojďte se .... na ....! Mám už .... program, ne!
Pojďte se .... do ....! No dobře, tak ...., no dobře, tak..........................
Pojďte se .... do ....! No dobře, ... ráda!

Kdy se setkáme?

Melodie: *On Top of Old Smokey*
(Amerikanisches Volkslied)

6. lekce

Kdy se setkáme?

Petr: Kdy se setkáme?
Eva: V pátek v sedm.
V pátek navečer přijdu před dům.
Petr: V pátek to nejde, to nemám čas.
Musím do Prahy, vrátím se zas.

Eva: Kde se setkáme?
Petr: Na náměstí.
Eva: V sobotu ráno, volno je naštěstí.

Singen Sie noch einmal:

Kdy se ....? V .... v sedm, v pátek .... přijdu před .... V pátek to ...., to nemám ...., musím do ...., vrátím se .... Kde se ....? Na náměstí, v sobotu ...., volno je ....

CO SE DNES HRAJE V KINĚ?

Pan Novák: Prosím dva lístky na dnes večer.
Pokladní: Dnes večer hrajeme „Včera, dnes a zítra".
Pan Novák: Nechci včera ani zítra, chtěl bych lístky na dnes večer.
Pokladní: Ano, ale dnes večer hrajeme „Včera, dnes a zítra".
Pan Novák: Tak ne. Co hrajete zítra večer?
Pokladní: Zítra večer hrajeme „V sobotu večer, v neděli ráno".
Pan Novák: Ale já nechci lístky na sobotu ani na neděli ráno, ale na zítra večer.
Pokladní: Ano, zítra večer hrajeme „V sobotu večer, v neděli ráno".
Pan Novák: Ale zítra je přece středa!
Pokladní: Ano, ale my hrajeme „V sobotu večer, v neděli ráno".
Pan Novák: A co hrajete ve čtvrtek?
Pokladní: Ve čtvrtek hrajeme „Vrah přijde v pondělí".
Pan Novák: A v sobotu?
Pokladní: V sobotu hrajeme „Tatínek na neděli".
Pan Novák: Panebože! Dejte mi lístky na sobotu večer, na neděli ráno a na pondělí. Doufám, že vrah přijde včas.
Pokladní: Ano, pane, ale „Vrah přijde v pondělí" hrajeme už ve čtvrtek!
(Frei nach einem Fernsehkabarett)

B: *GRAMMATIK, ÜBUNGEN*

WOCHENTAGE

pondělí úterý středa čtvrtek pátek sobota neděle	**Kdy?**	v pondělí v úterý ve středu ve čtvrtek v pátek v sobotu v neděli

Wissen Sie, was die Namen der Wochentage bedeuten?
„Neděle" stammt von *„nedělá"*, d.h. ein Tag, an dem nicht gearbeitet wird. *„Pondělí"* heißt *„po neděli"*, nach Sonntag. *„Úterý"* hängt mit dem russischen *„vtoroj"* = *„der zweite"*, zusammen. *„Střed"* heißt *Mitte*, středa ist daher der mittlere Tag. *Čtvrtek* und *pátek* sind der vierte und der *fünfte* Tag. *Sobota* kommt vom hebr. *„schabat"*, „ruhen".

Übungen:

Ü 1

	Co dělá Manuela?	**Co dělá Bruno?**
pondělí	čeština	čeština
úterý	masáž	squash
středa	nakupuje	pracuje
čtvrtek	dlouho v práci	jde do kina
pátek	jede do Prahy	jede do Prahy
sobota	víkend v Praze	víkend v Praze
neděle	jede domů	jede domů
	Co dělá pan Alzner?	**Co dělá Jitka?**
pondělí	pracuje ve firmě	pracuje na univerzitě
úterý	pracuje ve firmě	jde cvičit
středa	jede do České republiky	má němčinu
čtvrtek	termín s firmou TOP	píše s Katkou úlohu
pátek	pracuje	vaří
sobota	jede na chatu	nakupuje
neděle	je na chatě	jde na procházku

6. lekce

NAMEN DER MONATE

měsíc / Monat	kdy?	měsíc / Monat	kdy?
leden	v lednu	červenec	v červenci
únor	v únoru	srpen	v srpnu
březen	v březnu	září	v září
duben	v dubnu	říjen	v říjnu
květen	v květnu	listopad	v listopadu
červen	v červnu	prosinec	v prosinci

Was bedeuten die Namen der Monate?
„leden“ kommt von „led“ = Eis
„únor“ ähnlich wie úterý vom russ. „vtoroj“ = der zweite
„březen“ von „bříza“ = Birke (wird im März grün)
„duben“ von „dub“ = Eiche (grün im April)
„květen“ von „květina“ = Blume
„červen“ von „červený“ = rot (Kirschen werden rot)
„červenec“ wie červen
„srpen“ von „srp“ = Sichel (Ernte)
„září“ von „zářit“ = leuchten
„říjen“ von „říje“ = Brunft
„listopad“ von „list“ = Blatt + „padat“ = fallen
„prosinec“ von „prase“ = Schwein (Schlachtfest)

Ü 2

Antworten Sie:

Kdy máte narozeniny? Kdy je zima? Kdy je teplo? Kdy je sníh? Kdy jsou vánoce? Kdy jsou velikonoce? Co je teď?

ANDERE ZEITBERGRIFFE

jaro – léto – podzim – zima
kdy? na jaře – v létě – na podzim – v zimě

předevčírem – včera – dnes – zítra – pozítří
ráno – dopoledne – poledne – odpoledne – večer
noc / v noci (in der Nacht)

Ü 3

Antworten Sie:

1. Kdy obědváte? 2. Kdy večeříte? 3. Kdy snídáte? 4. Kdy spíte? 5. Kdy máte dovolenou? 6. Kdy je sníh? Kdy je teplo?

Ü 4

Was paßt zusammen?

jaro	snídaně
poledne	květiny
zima	sníh
ráno	oběd

Ü 5

Welche Antwort paßt?

1. Kdy máš narozeniny?
a) V září.
b) Ano, mám.
c) Tady.

2. Jak dlouho to trvá?
a) Dnes večer.
b) Asi hodinu.
c) Na jaře.

3. Kdy se setkáme?
a) Včera ráno.
b) Zítra ráno.
c) Včera večer.

4. Půjdeš se mnou do kina?
a) Půjdu ráda.
b) Nepůjdu ráda.
c) Přijdu hned.

DEKLINATION – FORTSETZUNG

Viele tschechische sächliche Hauptwörter enden auf -o (pivo, město rádio, místo, auto, číslo, kino...). Der **1. und 4. Fall** ist bei ihnen **gleich** (s. L. 2). Ergänzen Sie die neuen Fälle in Ihrer Tabelle (S. 123)

SÄCHLICHE HAUPTWÖRTER

Ü 6

1. město 2. měs**ta** 3. měs**tu** 4. měs**to** 5. – 6. měs**tu**, měs**tě** 7. měs**tem**	To m........................... se jmenuje Tábor. Do m........................... to není daleko. Jedeme k .... Liberec. Znám m........................... Berlín. Bydlíme přímo ve .... Jdeme kousek m...........................	Kde je auto? Bez a........................... nemůžu být. Jdu k a .... Mám tady a .... Je to v a ....ě Jedu ....

MÄNNLICHE HAUPTWÖRTER

haben im 7. Fall die Endung **-em**:
film – film**em**
vlak – vlak**em** (= mit dem Zug; bei Verkehrsmitteln ohne Vorwort!)
park – park**em**

Dasselbe gilt für männliche belebte auf Konsonanten:
učitel – učitel**em** Petr – Petr**em**
fotograf – fotograf**em** Pavel – Pavl**em**

Ergänzen Sie Ihre Tabelle im Grammatikanhang! (S. 123)

S kým jdete? Mit wem gehen Sie?

Ü 7

Manfred – s Manfredem
Alfred – s ....
Mirek – s Mirkem (-e fällt weg!)
Marek – s ....
Radek – s ....
Bruno – s ....

pan Šrut – s panem Šrutem
pan Pammer – s ....
pan Brož – s ....
pan Pták – s ....
pan Alzner – s ....
pan Stifter – s ....

WEIBLICHE HAUPTWÖRTER UND MÄNNLICHE AUF -a:

Ü 8

jdu s Evou
Jana s ....
Dana – s ....
Jitka – s ....
Monika – s ....

Pepa – s Pepou
Jarda – s ....
Vojta – s ....
Tonda – s ....
Jirka – s ....

Ergänzen Sie jetzt andere Namen nach dem Muster:

Ü 9

pan Svoboda – s panem Svobodou
pan Štolba – s ....
pan Kudrna – s ....
pan Hromada – s ....

paní Jandová – s paní Jandovou
paní Vlachová – s ....
paní Havlová – s ....
paní Loužková – s ....

Haben Sie alle Formen ergänzt?

Ü 10

Sagen Sie noch einmal, mit wem wer gerade geht:

Manfred jde s Alenou.
Bruno jde s ....
Pan Pech jde s ....
Paní .... jde s ....
Já jdu s ....

6. lekce

Ü 11 **Ergänzen Sie die richtige Form:**

Kam půjdeme?

divadl**o** – do divadla ....
kino do k..........................
casino – do ....
kavárn**a** – do kavárn**y**
cukrárna – do c..........................
banka – do b..........................
škola – do ....
opera – do ....
hospoda – do ....
firma – do ....
pošt**a** – na pošt**u**
univerzita – na ....
fakulta – na ....
nádraž**í** – na nádraž**í**
náměstí – na ....

Jak jedeme?

aut**o** – aut**em**
metro – ....
letadlo ....
vlak – vlak**em**
taxík – ....
autobus ....

S kým jdeme?

pan Vlach – s panem Vlach**em**
pan Špán – s ....
pan Vacek – ....
pan Jand**a** – s panem Jand**ou**
pan Švehla – s ....
pan Blanka – ....
paní Markov**á** – s pan**í** Markov**ou**
paní Schormová – ....

NEGATION (FORTSETZUNG)

Der deutschen Negation **nicht** entspricht bei den Zeitwörtern die tschechische Vorsilbe **ne-** (mám – nemám; bydlím – nebydlím).

Dem deutschen **ja – nein** entspricht im Gebrauch das tschechische **ano – ne** (s. auch L. 1). Es gibt auch andere Negationswörter, die aus Fragewörtern folgendermaßen gebildet werden:

kdo – někdo – nikdo – už nikdo
wer – jemand – niemand – niemand mehr

co – něco – nic – už nic
was – etwas – nichts – nichts mehr

kdy – někdy – nikdy – už nikdy
wann – manchmal – nie – nie mehr

kam – někam – nikam – už nikam
wohin – irgendwohin – nirgendwohin – nirgendwohin mehr

jaký – nějaký – žádný – už žádný
wie, was für ein – irgendein – keiner – keiner mehr

NEGATION + MEHR (nicht mehr) = **UŽ + NEGATIONSWORT** (už ne)

DOPPELTE NEGATION

Wenn ein Satz eines dieser Negationswörter enthält, gibt es im Tschechischen die doppelte (oder sogar dreifache) Negation:

das negative Zeitwort + Negationswort

(Já) **ne**mám + **nic**
Nikdo **ne**má + **nic** (dreifache Negation!)
Tady **ne**ní + **ni**kdo
(Já) **ne**přijdu + **ni**kam
(Já) **ne**jdu + **ni**kam
Tady **ne**ní + **ž**ádný hotel.
Nemám + **ž**ádný návrh. (Vorschlag)

ABER: *Nemám čas.* (Ich habe keine Zeit).

Verneinen Sie: Ü 12

1. Někdo tady je.	Nikdo tady není.
2. Petr někam jde.	Petr .... kam .... jde.
3. Mám něco	.... mám n..........................
4. Tady je nějaký hotel.	Tady n.......................... ž.......................... hotel.
5. Marie někdy přijde.	Marie .... kdy .... přijde.
6. Pan Matějka má nějaký návrh.	Pan Matějka .... má ž.......................... návrh.
7. Karel vždycky všechno ví.	Karel .... kdy ....c .... ví. (3 Neg.!)
8. Někdo něco říká.	.... kdo ....c .... říká. (3 Negationen!)
9. To někdy udělám.	To .... kdy .... udělám.
10. Mám čas.	.... mám čas. (!)

Antworten Sie negativ: Ü 13

1. Děláš něco?	Nedělám nic.
2. Říkáte něco?	....
3. Máte tady něco?	....
4. Přijdeš někdy?	....
5. Ví někdo něco?	N.......................... n.......................... n..........................
6. Má někdo nějaký návrh?	N.......................... n.......................... ž.......................... návrh.
7. Jdeš někam?	....
8. Uděláš to někdy?	Ne, to ....
9. Ví to někdo?	....
10. Je tu nějaký inženýr?	Tady n.......................... ž.......................... inženýr.

Üben Sie noch einmal mit **„už ne" usw.:** Nedělám už nic. Ü 14

C: *KOMMUNIKATIVE ÜBUNGEN*

Wie kann man auf Tschechisch: Ü 15

1. jemanden ins Kino (Restaurant, Theater, ins Konzert...) einladen;
2. eine Einladung annehmen;
3. eine Einladung ablehnen;
4. fragen, wo und wann Sie sich mit jemand treffen;
5. sagen, daß Sie einen Termin nicht akzeptieren können und daher einen anderen brauchen;
6. ob Sie sich noch einmal treffen können.

Führen Sie Gespräche: Ü 16

Půjdeme do / na ...?	Ještě nevím.
Kde se setkáme?	Nechce se mi.
Kdy se setkáme?	Jdu do kabaretu.
Co se hraje v kině?	Spím.
Co děláš dnes večer?	Mám už jiný program.
Máš dnes čas?	Zítra večer.
Kdy máte čas?	U divadla.

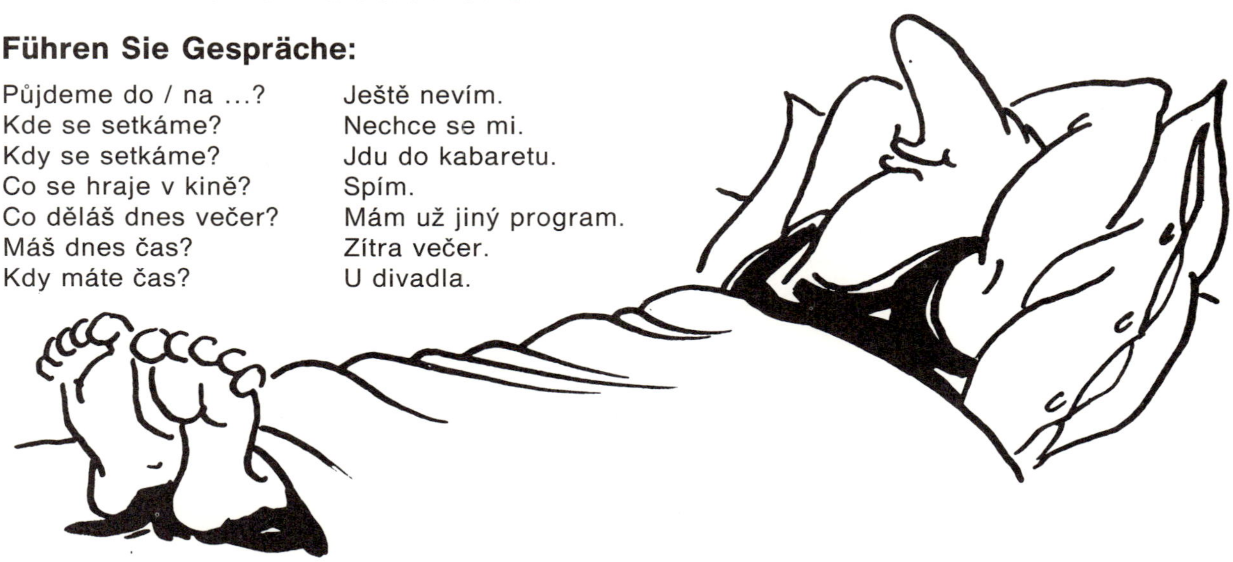

6. lekce

Ü 17 **Üben Sie weiter mit Hilfe nebenstehender Materialien:**

JEDNA FRÁZE DENNĚ

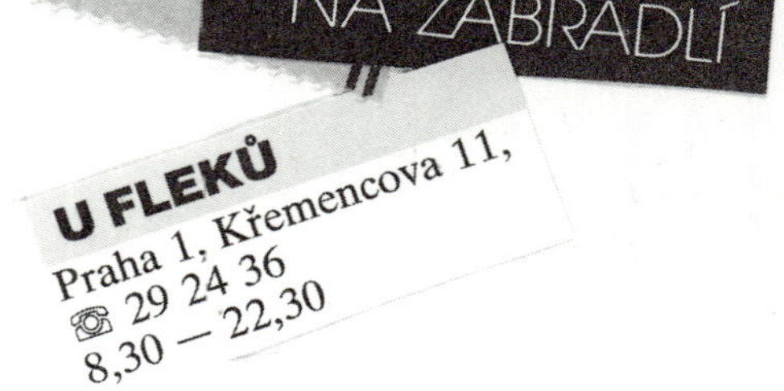

Pondělí: Kdy a kde se setkáme?
Úterý: Zítra musím do Prahy.
Středa: Ještě zavolám.
Čtvrtek: Pojďte se mnou do kina.
Pátek: Bohužel nemůžu, mám už jiný program.
Sobota: Nikdo nic neví.
Neděle: Nikdo tady není.

ani	auch nicht, nicht einmal
asi	etwa
cukrárna, *w.*	Konditorei
cvičit	turnen
Česká republika, *w.*	Tschechische Republik
čeština *w.*	Tschechisch
dejte mi	geben Sie mir
do Čech	nach Tschechien
domů	nach Hause
dopoledne	vormittags
dovolená, *w.*	Urlaub
hraje se	man spielt
chata, *w.*	Wochenendhaus
chtěl/a bych	ich möchte
chtít, chci	wollen, mögen
jaro, *s.*	Frühling
jezdit, jezdím	regelmäßig fahren
jiný	ein anderer
jít na procházku	einen Spaziergang machen
květina, *w.*	Blume
letadlo, *s.*	Flugzeug
letět, letím	fliegen
léto, *s.*	Sommer
lístek, *m.*	Karte
metro, *s.*	U-Bahn
muset, musím	müssen
nakupovat, nakupuju	einkaufen
narozeniny, *Pl.*	Geburtstag
naštěstí	zum Glück
navečer	gegen Abend
návrh, *m.*	Vorschlag
nechce se mi	ich habe keine Lust
noc, *w.*	Nacht
odpoledne	nachmittags
panebože!	um Gotteswillen!
podzim, *m.*	Herbst
pokladní, *w.*	Kassiererin
poledne, *s.*	Mittag
pozítří	übermorgen
před	vor
předevčírem	vorgestern
půjdu	ich werde gehen
ráno	morgen früh
se mnou	mit mir
setkat se, setkám se	sich treffen
sníh, *m.*	Schnee
tatínek, *m.*	Vati
taxík, taxi, *m., s.*	Taxi
teď, nyní	jetzt
to nejde	das geht nicht
trvat, trvá	dauern
udělat, udělám	machen
úloha, *w.*	Aufgabe
vánoce, *Pl.*	Weihnachten
vařit, vařím	kochen
včas	rechtzeitig
včera	gestern
vlak, *m.*	Zug
volno	frei
vrah, *m.*	Mörder

7. lekce

TELEFONOVÁNÍ, KONTAKTY

A: *LIEDER, TEXTE*

Můžu mluvit s panem Voglem?

Melodie: *Ein Vogel wollte Hochzeit machen*
(Deutsches Volkslied)

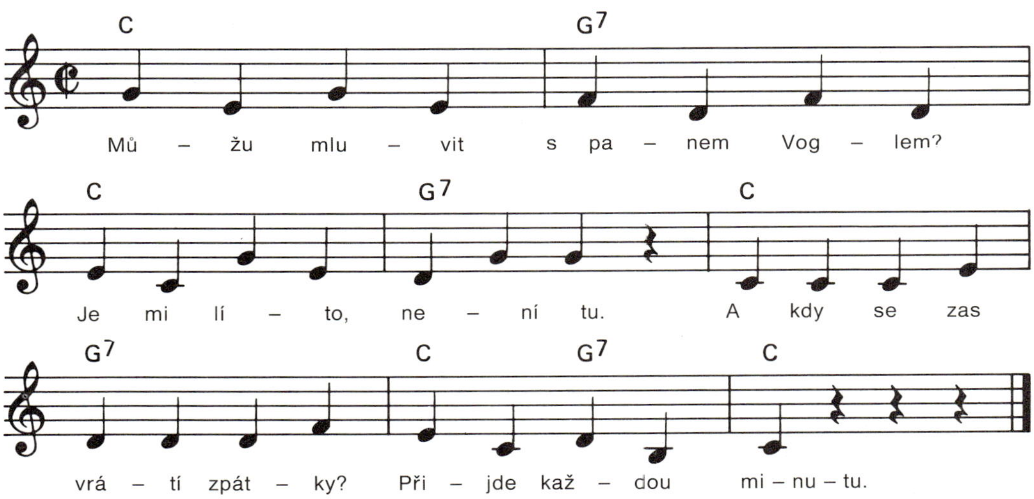

7. lekce

Můžu mluvit s panem Voglem?

Pan Čížek: Můžu mluvit s panem Voglem?
Sekretářka: Je mi líto, není tu.
Pan Čížek: A kdy se zas vrátí zpátky?
Sekretářka: Přijde každou minutu.

Za hodinu:
Pan Čížek: Můžu mluvit s panem Voglem?
Sekretářka: Bohužel ještě není. Zavolejte prosím znovu, pan Vogel má zpoždění.

Za 10 minut:
Pan Čížek: Můžu mluvit s panem Voglem?
Sekretářka: Počkejte, hned přepojím. Zůstaňte u telefonu a můžete mluvit s ním.

Singen Sie noch einmal:

.... mluvit s panem ....? Je .... líto, není ....
A kdy se zas ....? .... každou ....
Můžu .... s .... Voglem?
Bohužel ještě ...., ... prosím .... pan Vogel má ....
Můžu ....?
Počkejte, hned ....! .... u telefonu a .... mluvit s ....

Já jsem muzikant *(Singen Sie nach der Kassette)*

Muzikant: Já jsem muzikant a přicházím k vám z české země.
Všichni: My jsme muzikanti, přicházíme k vám.
Muzikant: Já umím hráti.
Všichni: My umíme taky!
Muzikant: A to na housličky.
Všichni: Jak se na ně hraje?
Muzikant: Fidli fidli, fidli, fidli fidli, takhle hrajou housličky,
fidli fidli, fidli, fidli, takhle hrajou housličky.

Muzikant: Já jsem muzikant a přicházím k vám z české země.
Všichni: My jsme muzikanti, přicházíme k vám.
Muzikant: Já umím hráti.
Všichni: My umíme taky!
Muzikant: A to na basu!
Všichni: Jak se na ni hraje?
Muzikant: Šrum šrum šrum šrum, šrum šrum šrum šrum,
tak se hraje na basu,
šrum, šrum ... tak se hraje na basu.

...

Muzikant: A to na klavír.
Všichni: Jak se na něj hraje?
Muzikant: Klimpr klampr, klimpr klampr, tak se hraje na klavír.

...

Muzikant: A to na klarinet.
Všichni: Jak se na něj hraje?
Muzikant: Tydli, tydli, tydli tydli, takhle hraje klarinet.

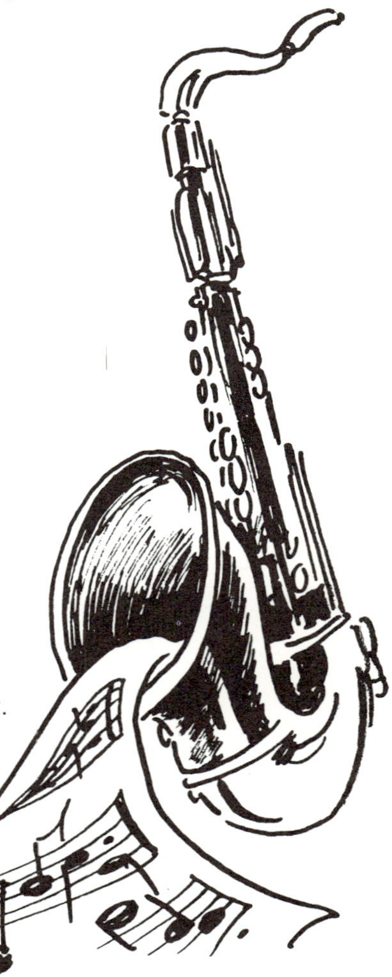

Singen Sie noch einmal:

Já .... muzikant a .... k .... z české země.
My jsme muzikanti, ... k ....
Já .... hráti. My .... taky. A to .... klavír. Jak se .... hraje?
Klimpr klampr ...., tak .... na klavír.
....
A to na .... jak se na.......................... hraje?..........................

DIALOGE:

- *Paní Bečvářová:* Firma TINA, dobrý den.
  Paní Loužková: Dobrý den, tady Loužková, já bych chtěla mluvit s paní Bečvářovou.
  Paní Bečvářová: U telefonu.
  Paní Loužková: Promiňte, nepoznala jsem vás. Platí ten termín?
  Paní Bečvářová: Ano, zítra v deset.

- *Karel:* Dobrý den, jsou to prosím vás informace?
  Úředník: Ne, tady je nádraží.
  Karel: Promiňte, to je omyl.

7. lekce

B: *GRAMMATIK, ÜBUNGEN*

MODALVERBEN

Deutsche Modalverben haben im Tschechischen folgende Äquivalente:

können	– **umět, umím**	(imstande sein)	(wie: *bydlím*)
	moci, můžu	(Erlaubnis bekommen)	(wie: *píšu*)
dürfen	– **smět, smím**		(wie: *bydlím*)
müssen	– **muset, musím**		(wie: *bydlím*)
sollen	– **mít, mám**	(bedeutet auch *haben*)	(wie: *dělám*)
wollen	– **chtít**	(s. weiter)	
mögen	– **chtít**	(s. weiter)	

Im Tschechischen gebraucht man oft **můžu** *(ich kann)*, wo das Deutsche **ich darf** *(smím)* gebrauchen würde:

Můžu vás seznámit? Darf ich Sie bekannt machen?
Vom Modalverb hängt auch im Tschechischen meistens ein anderes Verb in der Nennform ab, es muß jedoch **nicht** am Ende des Satzes stehen: **Můžu mluvit s panem Voglem**?

Im Sinne von *„müssen"* gebraucht das „Tschechische" manchmal *„potřebovat" (brauchen),* und zwar auch in der Verbindung mit einem Zeitwort: *Potřebuju se učit.* (*Ich brauche lernen = Ich muß lernen).

Ü 1

Ergänzen Sie „můžu, musím, smím, mám":

1. Já jsem cizinec a .... česky. 2. .... mluvit s panem Voglem? 3. .... hrát na kytaru. 4. Helena .... anglicky a španělsky. 5. .... vás seznámit? 6. To se .... (nicht darf).7. .... mi ještě zatelefonovat? 8. .... studovat literaturu. 9. Profesor to .... vědět. 10. ... (darf) vás o něco poprosit? 11. (Soll ich) to udělat? 12. (Du sollst) ještě jednou zavolat. 13. (Sie sollen) brzo přijít.

Das Modalverb **mögen** gibt es im Tschechischen nicht. Statt dessen gebraucht man **chtít / chci / chtěl bych** *(wollen / ich will / ich möchte).*

(já)	chc**i**	(my)	chc**eme**	chtěl **bych**	chtěli **bychom**
(ty)	chc**eš**	(vy)	chc**ete**	chtěl **bys**	chtěli **byste**
(on)	chc**e**	(oni)	cht**ějí**	chtěl **by**	chtěli **by**

„chtěl bych" würde ein Mann sagen
„chtěla bych" eine Frau

In der Mehrzahl bleibt für alle Personen

„chtěli + bychom / byste / by"

Chtěl bych kávu. xxxx Já bych chtěl kávu.

Steht am Anfang etwas anders als eine Form von „chtěl", ändert sich die Wortfolge (chtěl bych – já bych chtěl). Anders gesagt, **„bych" darf nicht am Anfang stehen**.

Ü 2

Ergänzen Sie „chci / chtěl bych" in verschiedenen Personen:

1. Pane vrchní, ... jedno pivo. 2. Co tady ....? 3. Ne .... nic. 4. .... jít do kina? 5. .... si koupit kostým. 6. Jana a Láďa .... jít do divadla. 7. Jednou bych .... jet do Ameriky. 8. .... kilo banánů. 9. paní Valentová .... bydlet v Praze. 10. .... limonádu nebo čaj? 11. .... kávu.

PERSÖNLICHE FÜRWÖRTER

Manche Formen der persönlichen Fürwörter waren schon in den Liedern:

pojďte se mnou do kina
můžete mluvit s ním
jak se na něj / na ni hraje
ukažte mi prosím cestu
to mi chutná
přicházím k vám

prosím vás
děkuju vám mnohokrát
řekněte mi...
zdravím tě
to mě těší

1. *kdo?*	já	ty	my	vy / Vy
2. *(bez)*	mně	tebe, tě	nás	vás
3. *(k)*	mně, mi	tobě, ti	nám	vám
4. *(na)*	mě	tebe, tě	nás	vás
6. *(o)*	mně	tobě	nás	vás
7. *(s, se)*	mnou	tebou	námi	vámi

Die längere Form **„mně, tobě, tebe"**, gebraucht man, wenn man das persönliche Fürwort betont oder nach einem Vorwort: **Dám to tobě** (und keinem anderen). Aber: **Dám ti to.** Ich gebe es dir. (Tschech. Wortfolge: Ich gebe dir es). **Přijdu k tobě.** *(Mit Vorwort).*

Ü 3

Ergänzen Sie die richtigen Fürworter:

1. Pojďte se .... (já) do kina. 2. Ukažte .... (já) prosím cestu. 3. Řekněte .... (já) všechno. 4. To jídlo .... (já) chutná. 5. Ahoj, zdravím .... (ty). 6. To ... (já) těší. 7. Přijďte večer ke .... (já). 8. Proč se na .... (já) tak díváš? 9. Mám .... (ty) rád. 10. To není nic pro .... (my). 11. Pojď s .... (my) do baru. 12. Zdravíme .... (ty) z Prahy.

DEKLINATION „ON, ONA, ONI"

1.	on, ono	ona	oni
2. (bez)	něj	ní	nich
3. (k)	němu / jemu, mu	ní / jí	nim / jim
4. (na)	něj / ho	ni / ji	ně / je
6. (o)	něm	ní	nich
7. (s)	ním	ní	nimi

Die Form mit **n-** steht nach einem Vorwort: **Dívám se na něj / na ni.** Aber ohne Vorwort: **Vidím ho / ji.**

In Unterschied zum Deutschen gibt es keine Pronominaladverbien, d. h. sowohl für Personen, als auch für Sachen gebraucht man die Verbindung Vorwort + Fürwort.:

Tam je Petr. Čekám na něj.
Tam je autobus. Čekám na něj.

7. lekce

Ü 4 **Ersetzen Sie das Hauptwort durch ein Fürwort:**

1. Můžete mluvit s Pavlem. 2. Bez školy nemůžu žít. 3. Ke škole jede můj džíp. 4. Máme školu za rohem. 5. U Petry jsem každý den. 6. Jdu na procházku s Evou. 7. Zítra jdu k doktorovi. 8. Mám Ivu ráda. 9. Zůstanu tady s Evou. 10. To mám od Petra a Pavla.

Ü 5 **Was gehört nicht dazu?**

1. u něj – bez něj – k ní – s ním
2. ke mně – se mnou – mi – nám
3. vás – vám – s vámi – mi
4. ji – on – s ním – ho
5. tě – tebe – ti – oni
6. s námi – bez nás – vás – k vám

ANMERKUNGEN:

„Hrát na klavír – Klavier spielen“ *(ein Instrument*, mit Vorwort „na“)
hrát na housle, hrát na saxofon, hrát na klarinet ...

Aber: **hraju šachy, dámu, domino, karty ...**
(kein Instrument, ohne Vorwort)

Ü 6 **Ergänzen Sie „na“, wenn notwendig:**

1. Hraju .... violu.
2. Pavel hraje .... karty.
3. Umíš hrát .... šachy?
4. V rádiu hraje .... orchestr.
5. Radko hraje .... kytaru.

ANMERKUNGEN:

Můžu mluvit s panem Voglem? Stifterem? Klausem? Havlem?
Můžu mluvit s Petrem? s Pavlem? s Markem? s Manfredem?

Můžu mluvit s paní Schwarzovou? Koubovou? Markovou?
Můžu mluvit s Janou? Danou? Evou? Alenou?
Můžu mluvit s Jardou? s Pepou? s Edou? s panem Jandou?
(weibliche und männliche Namen auf -a und -ová, s. auch Lektion 6)

HINWEISENDE WÖRTER

In Tschechischen gibt es Wörter, die auf jemand / etwas hinweisen:

auf Personen:	**ten – ta – to**	
auf eine Richtung:	**tam – tu**	(dort – hier)
auf eine Art und Weise:	**tak**	(so)

Diese Wörter werden oft durch **„hle“** („schau“) verstärkt:
tenhle (der da) – **tahle** (die da) – **tohle** (das da)
tamhle (dort, betont) – **tuhle** (hier, betont)
takhle (so, auf diese Art)

Ü 7 **Betonen Sie durch hinweisende Wörter:**

1. Je to ten dům. 2. Jděte tam doleva. 3. Děláme to tak. 4. To ti říkám vždycky. 5. Ta kazeta je nová. 6. Ten computer není moderní, moderní je tamten.

C: *KOMMUNIKATIVE ÜBUNGEN*

Welche Antwort paßt?

Ü 8

1. **Můžu mluvit s panem Voglem?**
   a) Bohužel tady není
   b) Můžete mluvit.
   c) Pan Vogel nemluví.

2. **Hrajete na něco?**
   a) Hraju na kytaru.
   b) Hraju kytaru.
   c) Hraju karty.

3. **Znáš Janu?**
   a) Znám ho.
   b) Znám ji.
   c) Znám ni.

4. **Umíte česky?**
   a) Můžu česky.
   b) Ano, trochu.
   c) Můžu umět česky.

Führen Sie Gespräche:

Ü 9

1. Sie rufen Herrn Novák an, er ist aber nicht anwesend, Sie vereinbaren einen anderen Termin.
2. Sie fragen nach einem Termin, der Zuständige ist momentan nicht anwesend, Sie fragen, ob man Sie zurückrufen kann.
3. Sie möchten jemand treffen, weil Sie .... brauchen.
4. ....

(Folgende Wörter und Wendungen können Sie gebrauchen)

Můžu mluvit s panem Maxem?
U telefonu.
Jistě, přepojím.
Ano, moment.
Dobrý den, tady Klíma.
Dobrý den, pane Meduna.
Dnes to nejde, snad zítra?
Je to nutné?
Můžu vám zavolat zpátky?
Zavolejte prosím později.
Bohužel tady není.
Dnes je v Praze.
Kdy se vrátí?
Kdy můžu zavolat?
Můžete mi zavolat zpátky?
Kdy asi?
Potřebujeme se s vámi setkat.
Potřebujeme kopii.

Fragen Sie:

Ü 10

1. Die Sekretärin, ob der Chef heute noch kommt und ob er dann Zeit hat;
2. Ihren Freund, ob er Gitarre spielt;
3. Ihren Partner, ob er Sie zurückrufen kann;
4. Ob Sie später noch einmal anrufen können.

Wie antworten Sie?

Ü 11

1. Můžete mi zavolat? ...
2. Kdy se vrátí pan Diviš? ...
3. Je tam pan Klíma? ...
4. Hrajete na něco? ...
5. Můžu vás o něco poprosit? ...

JEDNA FRÁZE DENNĚ

Pondělí: Můžu mluvit s panem Brožem? U telefonu.
Úterý: Chtěl bych vás o něco poprosit.
Středa: Promiňte, to je omyl.
Čtvrtek: Počkejte prosím chvíli.
Pátek: Můžu se tě / vás na něco zeptat?
Sobota: Můžete zavolat za hodinu?
Neděle: Můžu vám zavolat zpátky?

7. lekce

basa, *w.*	Kontrabaß	přepojit, přepojím	verbinden
dívat se, dívám se	schauen	přicházet, přicházím	jetzt kommen
housle, housličky, *Pl.*	Geige	s ním	mit ihm
hrát na něco	spielen (Instrument)	seznámit, seznámím	bekannt machen
je mi líto	es tut mir leid	smět, smím	dürfen
k vám	zu euch	snad	vielleicht
nutný, nutná, nutné	dringend, notwendig	takhle	so
omyl, *m.*	Irrtum	u telefonu	am Apparat
počkat, počkám	warten	z české země	aus dem tschechischen Land
potřebovat, potřebuju	brauchen	zavolat, zavolám	anrufen
později	später	zpoždění, *s.*	Verspätung
poznat, poznám	erkennen		
promiňte!	Entschuldigung!		

8. lekce

JAKÉ JE TO?

A: *LIEDER, TEXTE*

Senzační

Melodie: *Cielito Lindo (Mexikanisches Liebeslied)*

8. lekce

Senzační

Pan Král: **Senzační, prostě senzační.**
To se mi líbí. Fantastický.
Jak se vám líbí ten Mercedes?
Paní Svobodová: **Ten je moc krásný a praktický.**
Pan Svoboda: **Ne, ne, ne, ne! To není možný!**
To se mi nelíbí, vždyť je to hrozný,
to auto je nemožný.

Pan Král: **Decentní, cena horentní,**
kvalita I A, prostě super,
dokonalý a spolehlivý.
Paní Svobodová: **Vždycky jsem chtěla kupé.**
Pan Svoboda: **Ne, ne, ne, ne, za žádnou cenu!**
To se mi nelíbí, vždyť je to hrozný,
nedejte na mou ženu!

Singen Sie noch einmal:

Senzační, ... senzační, to se mi ...., fantastický.
Jak se vám .... ten Mercedes? Ten je moc .... a ....
Ne, ne, pane Král, to není ....
To se mi ...., vždyť je to ...., to auto je ....
Decentní, ... horentní, kvalita I A, ... super.
Dokonalý a ....! Vždycky jsem .... kupé.
Ne, ne, ne, ne, za .... cenu!
To se mi ..., vždyť je to..., nedejte na .... ženu.

Vy jste sympatická

Melodie: *Chapanecas*
(Mexikanisches Volkslied)

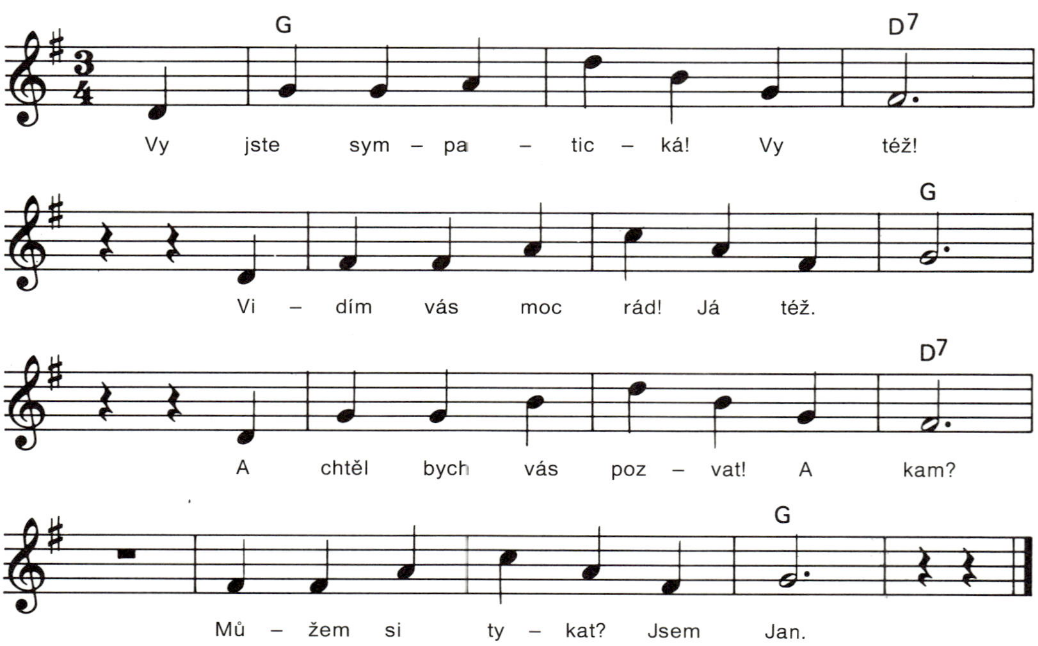

Vy jste sympatická

Pan Štěpánek: **Vy jste sympatická!**
Krásná dívka: **Vy též!**
Pan Štěpánek: **Vidím vás moc rád!**
Krásná dívka: **Já též!**
Pan Štěpánek: **Chtěl bych vás pozvat!**
Krásná dívka: **A kam?**
Pan Štěpánek: **Můžeme si tykat? Já jsem Jan.**

Jan: **Ty jsi sympatická!**
Dívka: **Ty též!**
Jan: **Mám tě moc rád.**
Dívka: **To lžeš.**
Jan: **Ty máš hezké oči!**
Dívka: **Ó jé!**
Jan: **Hlava se mi točí!**
Dívka: **Snad ne!**

Singen Sie noch einmal:

Vy jste ....! Vy též! .... vás moc ....! Já též! chtěl .... vás ....! A ....? Můžeme si ....? Já .... Jan. Ty ....! Ty ....! Mám .... moc ....! To ....! Ty máš .... oči! O jé! .... se mi točí! .... ne!

B: *GRAMMATIK, ÜBUNGEN*

TSCHECHISCHE EIGENSCHAFTSWÖRTER (FORTSETZUNG)

In der L. 4. haben wir die Haupttypen der tschechischen Eigenschaftswörter im 1. und 4. Fall Sg. kennengelernt: die **weichen** Eigenschaftswörter **(moderní)** und die **harten** Eigenschaftswörter **(nový)**.
Weitere Fälle sind im Anhang Grammatik (Eigenschaftswörter). Die Eigenschaftswörter müssen immer mit dem dazugehörigen Hauptwort im Geschlecht, im Fall und in der Zahl übereinstimmen.

Übung: **Ü 1**

Verbinden sie die Eigenschaftswörter mit der richtigen Eigenschaft. Die **weichen ändern sich nicht** nach dem Geschlecht, die **harten** haben je nach dem Geschlecht die **Endung -ý**, **-á**, **-é**.
Beispiel: *mladý muž – mladá žena – malé dítě*

malý	moderní	karta
velký	elegantní	země
starý	decentní	žena
mladý	pozitivní	muž
dlouhý	negativní	dítě
vysoký	naivní	pes
nízký	národní	banka
nový	první	počasí
sympatický	korektní	alternativa
hezký	komerční	návrh
ošklivý	obchodní	den
možný	hlavní	týden
jiný	kreditní	přítel
každý	vlastní	sekretářka
celý	celní	kontrola
krásný	luxusní	svět
drahý	bankovní	automat

ANMERKUNG: Dort, wo im Deutschen Zusammensetzungen sind, stehen im Tschechischen oft Verbindungen:
Eigenschaftswort + Hauptwort: *kreditní karta* (Kreditkarte)
investiční banka (Investitionsbank)
zeleninová polévka (Gemüsesuppe)

8. lekce

Ü 2

Übung:

Bilden Sie Beispiele in anderen Fällen nach dem Muster:
(Vorwörter s. L. 3)

bez	(2. Fall)	**kreditní karty**	(Investiční banka, moderní blůza, pozitivní alternativa, obchodní kontrola...)
bez	(2. Fall)	**mladé ženy**	(nová firma, stará kniha ...)
s	(7. Fall)	**mladou ženou ...**	
s	(7. Fall)	**Investiční bankou ...**	
bez	(2.)	**bankovního fondu**	(moderní pulovr, konkrétní návrh ...)
bez	(2.)	**nového návrhu**	(starý automat, krásný park ...)
s	(7.)	**novým návrhem**	(starý automat, krásný park ...)
s	(7.)	**moderním pulovrem**	(konkrétní návrh, bankovní fond)
bez	(2.)	**malého kina**	(nové rádio, celý svět ...)
bez	(2.)	**elegantního auta**	(moderní sako, bankovní konto ...)
s	(7.)	**novým rádiem**	(vysoké konto, dobré pivo, zeleninové lečo)

FARBBEZEICHNUNGEN

Auch Farbbezeichnungen sind im Tschechischen Adjektiva und können im Prädikat *(papír je bílý)*, oder im Attribut *(bílý papír)* stehen.

Die wichtigsten Farbennamen sind:

bílý	– bílá	– bílé	(weiß)
žlutý	– žlutá	– žluté	(gelb)
červený	– červená	– červené	(rot)
modrý	– modrá	– modré	(blau)
zelený	– zelená	– zelené	(grün)
hnědý	– hnědá	– hnědé	(braun)
černý	– černá	– černé	(schwarz)

Die Farben kann man noch variieren:
světle + modrý = hellblau
tmavě + modrý = dunkelblau .... und ähnlich andere Farben

Ü 3

Malen Sie die Bilder mit der richtigen Farbe aus:

Ü 4

Was gehört nicht dazu?

1. hnědý – žlutý – červený – zelený – blond
2. to se mi líbí – pěkné – ujde to – nemožné
3. mladý – starý – velký – elegantní – malý
4. horentní – laciný – drahý – bankovní
5. bankovní – konkurzní – kreditní – luxusní
6. každý – hnědý – celý – jiný

C: *KOMMUNIKATIVE ÜBUNGEN*

Ü 5

Übung: Finden Sie die beschriebenen Personen auf dem Bild:

1. mladá žena – hezká – dlouhé vlasy – tmavý svetr
2. starý muž – brýle – velký – malý pes
3. malé dítě – světlý pulovr – světlé vlasy
4. nekompromisní profesor – dlouhý kabát – brýle – klobouk
5. mladý muž – tmavé vlasy – krátké vousy – moderní kravata

Ü 6

Übung: Wie schauen Sie aus?
Wie schaut Ihr Freund / Partner aus?
(Sie können folgende Wörter benutzen):

velký – malý
mladý – starý
štíhlý – silný – tlustý
tmavé vlasy – hnědé vlasy – blond
brýle – kabát – kalhoty – šaty – sako
taška – kufr – ruksak – aktovka – noviny
sympatický – elegantní – ležérní – decentní

Ü 7

Drücken Sie sich positiv / negativ aus:

Auto: BMW, Mazda, Škoda, Trabant
Svetr: moderní, extravagantní, klasický, decentní
Barvy: modrá, zelená, červená, žlutá
Kultura: román, kronika, lyrika, drama, opera, komedie, film

líbí se mi
to je senzační, fantastické
moc pěkné
docela pěkné
ujde to

nelíbí se mi
to je nemožné
to není pěkné
to je hrozné
za žádnou cenu

8. lekce

Ü 8 **Wie kann man antworten?**

1. Jak se vám líbí Praha?
a) Docela pěkné.
b) Moc se mi líbí.
c) Je sympatická.

2. Vy se mi moc líbíte
a) To je nemožné.
b) Vy mně také.
c) Jste sympatická.

3. Jste spokojený s hotelem?
a) Nelíbí se mi.
b) Za žádnou cenu.
c) Ano, děkuji.

4. Je paní Bláhová hezká?
a) Docela pěkně.
b) Mám jinou představu.
c) Ano, moc hezká.

JEDNA FRÁZE DENNĚ

Pondělí: Jak se vám to líbí? Děkuji, dobře.
Úterý: Jak vás poznám?
Středa: To nemůžeme bohužel udělat za žádnou cenu.
Čtvrtek: Jste spokojený s hotelem? Ujde to.
Pátek: To je opravdu moc pěkné.
Sobota: Pan Svoboda je vysoký, má tmavé vlasy, brýle a vousy.
Neděle: Můžeme si tykat?

aktovka, *w.*	Aktentasche
brýle, *Pl.*	Brille
celní	Zoll-
cena, *w.*	Preis
decentní	dezent
dítě, děti, *s., Pl*	Kind, Kinder
dlouhý	lang
dokonalý	vollkommen
drahý	teuer
fantastický	phantastisch
hezký, -á, é,	hübsch
hlava se mi točí	mir dreht sich der Kopf
hnědý	braun
horentní	horrent
hrozný, hrozná, hrozné	schrecklich
kabát, *m.*	Mantel
kalhoty, *Pl.*	Hose
klobouk, *m.*	Hut
kontrola, *w.*	Kontrolle
korektní	korrekt
krásný, krásná, krásné	schön
krátký	kurz
kronika, *w.*	Chronik
kufr, *m.*	Koffer
kvalita, *m.*	Qualität
laciný, levný	billig
lhát, lžu	lügen
líbit se, líbí se	gefallen
mám tě rád	ich mag dich
mladý	jung
modrý	blau
možný	möglich
muž, *m.*	Mann
národní	national
nebe, *s.*	Himmel
nedejte na mou ženu	achten Sie nicht auf meine Frau
nízký	niedrig
noviny, *Pl.*	Zeitung
obchodní	Handels-
oko, oči, *s., Pl.*	Auge, Augen
ošklivý	häßlich
pes, *m.*	Hund
pozvat, pozvu	einladen
praktický	praktisch
prostě	einfach
první	der erste
představa, *w.*	Vorstellung
přítel, přátelé, *m., Pl.*	Freund, Freunde
růže, *w.*	Rose
sekretářka, *w.*	Sekretärin
senzační	sensationell
spokojen, spokojený	zufrieden
spolehlivý	verläßlich
starý	alt
svět, *m.*	Welt
sympatický, -á, -é	sympathisch
šaty, *Pl.*	Kleid
štíhlý	schlank
také, též	auch
taška, *w.*	Tasche
tlustý	dick
to se mi líbí	das gefällt mir
tykat si	dutzen
vidět, vidím	sehen
vlastní	eigen
vlasy, *Pl.*	Haare
vousy, *Pl.*	Bart
vypravovat, vypravuju	erzählen
vysoký	hoch
vždyť	ja, doch
za žádnou cenu	um keinen Preis
země, *w.*	Land, Fußboden, Erde

JAK TO BYLO?

A: *LIEDER, TEXTE*

Pane Brahms, už jdete pryč?

Melodie: *Brahms' Wiegenlied*

9. lekce

Pane Brahms, už jdete pryč?

Jitka: Pane Brahms, už jdete pryč?

Brahms: Je pozdě, musím jít.
Byl to hezký večer,
hlavně už nesmím pít.

Jitka: Škoda, že jdete pryč!
Dám vám od domu klíč.
Přijďte k nám někdy zas,
až budete mít čas!

Singen Sie noch einmal:

Pane Brahms, už .... pryč? Je pozdě, ... jít.
.... to hezký ...., hlavně už .... pít.
Škoda, že .... pryč, ... vám od .... klíč.
.... k nám někdy zas, až budete mít ....

KAREL VYPRAVUJE:

Dřív jsem měl pořád čas. Byl jsem student. Dopoledne jsem měl školu a odpoledne většinou volno. Měl jsem kamarády a přítelkyni, byli jsme často v kině, tancovat nebo na výletě. Nic jsme neměli – ani peníze, ani auto, ani dům, ale byli jsme veselí a neměli jsme žádné problémy.

Po škole jsem byl ekonom v jednom podniku. Ve tři hodiny jsem měl konec a byl jsem doma. Měl jsem čas na koníčky. Měl jsem už také ženu a dítě. Pořád jsme ještě neměli peníze ani auto, ale měli jsme se rádi.

Byl jsem v podniku asi rok a byla revoluce. Podnik neměl peníze a udělal bankrot.

Teď mám vlastní firmu. Najednou mám peníze, auto, dům, ale taky problémy. A hlavně nemám čas!

B: *GRAMMATIK, ÜBUNGEN*

VERGANGENHEIT VON „MÍT" UND „BÝT" (HABEN UND SEIN)

Im Tschechischen gibt es nur eine Vergangenheit. Sie wird aus dem *Partizip* und dem *Hilfsverb* **„být"** (sein) gebildet.
Das zur Bildung der Vergangenheit notwendige Partizip von **„mít"** (haben) ist **„měl"**, von **„být"** (sein) = **„byl"**.
In der **3. Person Einzahl und Mehrzahl ist kein Hilfsverb.**

VERGANGENHEIT VON „MÍT"

já	jsem měl	my	jsme měli
ty	jsi měl	vy	jste měli / vy jste měl, vy jste měla (höfliche Anrede)
on	měl	oni	měli
ona	měla		

Oder ohne Fürwort (mit verkehrter Wortfolge, weil „jsem" nicht am Anfang stehen darf):

měl jsem	měli jsme
měl jsi	měli jste / měl jste (höfliche Anrede)
měl, měla, mělo	měli

REGEL FÜR DIE WORTFOLGE:

	já	+ jsem	+ měl	(**jsem** ist immer
oder: včera, raději	...	+ měl	+ jsem	auf der 2. Stelle)
– – –		+ měl	+ jsem	

VERGANGANHEIT VON „BÝT"

já	jsem byl	my	jsme byli	byl jsem	byli jsme
ty	jsi byl	vy	jste byli	byl jsi	byli jste
on	byl (m.)	oni	byli	byl	byli
ona	byla (w.)			byla	
ono	bylo (s.)			bylo	

HÖFLICHE ANREDE: vy jste byl / byl jste (Sie waren)

NEGATION: neměl jsem, neměl jsi, neměl ...
nebyl jsem, nebyl jsi, nebyl ...

Ergänzen Sie: **Ü 1**

Karel .... čas. .... student. Dopoledne .... školu a odpoledne .... Měl .... a .... Často .... v kině nebo na .... Nic ...., ale .... veselí.
Potom .... ekonom v jednom .... Ve tři hodiny .... volno.
Měl také ženu a .... Neměli .... ale .... se rádi.
Potom .... revoluce. Podnik .... peníze a udělal ....
Teď .... Karel .... firmu. Má ...., ...
a ...., ale taky .... A hlavně .... čas.

Ü 2

Übung: Ergänzen Sie „byl / měl“:

1. Karel ... student. 2. ... čas, ale ... peníze. 3. ... to hezký večer. 4. Kde jsi včera ...? 5. ... jsme doma. 6. Kdo to ...? 7. Kde jsi ...? 8. ... jsem čas. 9. ... jsem rád. 10. Už jste ... dovolenou? 11. Nikdo tady ... 12. ... jsme nic. 13. Co to ...? 14. Včera jsem ... termín s firmou TOP. 15. ... hezké počasí.

VERGANGENHEIT ANDERER ZEITWÖRTER

Vergangenheit von den anderen Zeitwörtern bildet man gleich wie die von „sein“ und „haben“. **Das Partizip endet in der Vergangenheit immer auf „l“** und wird in den meisten Fällen **von der Nennform gebildet** (anstelle des Endungs -t der Nennform endet das Partizip auf **-l**.) Wenn das Zeitwort reflexiv ist (mit „se“ oder „si“), bleibt dies auch im Partizip.

Ü 3

Bilden Sie Partizipien:

bydlet ... **bydlel**
mluvit ... **mluvil**
učit se ... **učil se**
telefonovat ...
setkat se ...
faxovat ...
počkat ...
zůstat ...
jet ...
umět ...
věřit
stát se ...

kupovat ...
opakovat ...
psát ... psal
dát ... dal
dělat ... dělal
muset ...
vědět ...
smět ...
platit ...
říkat ...
políbit ...
stalo se (est ist geschehen)

1. já jsem bydlel	/ bydlel jsem	1. my jsme bydleli	/ bydleli jsme
2. ty jsi bydlel	/ bydlel jsi	2. vy jste bydleli	/ bydleli jste
		(vy jste bydlel	/ bydlel jste – *höfl.*)
3. on bydlel	/ bydlel	3. oni bydleli	/ bydleli
ona bydlela	/ bydlela		

Aber:
moci – **mohl jsem**
jíst – **jedl jsem**
chtít – **chtěl jsem**
jít – **šel jsem, šla jsem, šli jsme**
číst – **četl jsem**
vzít – **vzal jsem**

Ü 4

Ergänzen Sie (die richtigen Formen in der Vergangenheit)

1. Včera jsem (sprechen) s Pavlem. 2. Co jste (kaufen)? 3. (Wir mußten) všechno udělat znova. 4. Už jsme (sich treffen). 5. Moje žena (bleiben) ve městě. 6. (Ich habe bezahlt) a (bin weggegangen). 7. Manuela (faxen) do Brna. 8. (Ich bin gefahren) autem. 9. (Wir durften) nic říkat. 10. (Ich konnte) si to koupit. 11. Už jste (anrufen) do Karlových Varů? 12. (Ich habe geschrieben) ti dopis. 13. Hanka (hat gelesen) román. 14. Co se (passieren)? 15. Už jsi (gegessen)? 16. Kde jste (waren)?

UHRZEITEN

Uhrzeiten kann man im Tschechischen wie im Deutschen auf zweierlei Weisen ausdrücken. Dabei benutzt man:

1. hodina, minuta **Pl. dvě, tři, čtyři hodiny, minuty**
pět, šest usw. hodin, minut (wie *korun***)**

„hodina“ bedeutet „Uhr, Stunde“
„hodiny“ (Pl.) – Wanduhr
„hodinky“ (Pl.) – Armbanduhr

„Wie spät ist es?“ heißt **„Kolik je hodin?“**

Ergänzen Sie „hodina / hodiny / hodinky“

Ü 5

1. Kurs trvá .... 2. Kolik je ....? 3. Vlak jede za .... 4. Nemám .... 5. .... má 60 minut. 6. Počkáme ještě .... 7. V kanceláři jsou velké .... 8. Koupím si nové .... 9. Jsou tady někde ....?

KOLIK JE HODIN? (Wie spät ist es)?

1. Stunde + Minuten: dvě hodiny třicet minut

2. Viertel, drei Viertel: čtvrt, tři čtvrtě na:
   jednu, dvě, tři, ...
   halb: půl
   + jedné, druhé, třetí, čtvrté, páté, šesté, sedmé, osmé, deváté, desáté, jedenácté, dvanácté

3. Stunde / Viertel / halb + Minutenzahl: osm a pět minut
   čtvrt na osm a pět minut, tři čtvrtě na 8 a pět minut

4. za (in) + Minutenzahl + čtvrt / půl / tři čtvrtě + na + Zahl
   za pět minut čtvrt + na + pět

„um“ ist auf Tschechisch „v“ (v pět hodin)
„von – bis“ heißt auf Tschechisch „od – do“ (jedné, dvou, tří, čtyř, pěti šesti, sedmi, osmi devíti, deseti, jedenácti, dvanácti) hodin

Sagen Sie auf Tschechisch:

Ü 6

um drei Uhr, halb eins, von elf bis zwölf, in 5 Minuten drei Viertel vier, in 5 Minuten fünf, von sechs bis acht, um drei Viertel zehn, es ist vierzehn Uhr, siebzehn Uhr dreißig, acht Uhr

Lesen Sie die Uhrzeiten:

Ü 7

10.30; 11.54; 20.08; 22.47; 13.15; 14.00; 18.30; 24.00

Wie kann man antworten?

Ü 8

1. Kolik je hodin?
a) V půl páté.
b) Půl páté.
c) Do půl páté.

2. Kdy začíná kino?
a) Od osmi do deseti.
b) Do deseti.
c) V osm hodin.

3. Do kdy tady můžeš zůstat?
a) Do sedmi
b) V půl sedmé.
c) Od půl sedmé.

4. Jak dlouho to trvá?
a) Od pěti.
b) Dvě hodiny.
c) Ve dvě hodiny.

Was gehört nicht dazu?

Ü 9

1. pět hodin – půl sedmé – od pěti do sedmi – hodinky
2. ve dvě hodiny – ve tři hodiny – dvě hodiny – v pět hodin
3. čtvrt na sedm – tři čtvrtě na sedm – sedm – čtvrt na osm
4. hodina – minuta – týden – za hodinu

Ü 10 **Übung:** Sagen Sie, was Marta gestern gemacht hat:

C: *KOMMUNIKATIVE ÜBUNGEN*

Ü 11 **Übung:**

Co dělal pan Novotný?
Und Sie? Was haben Sie gemacht?

DIALOGE:

- Jana: Co jsi dělala včera?
  Petra: Byli jsme s Mirkem na návštěvě u známých.
  Povídali jsme a pili jsme víno. Bylo to prima.

- Pan Brahms: Bohužel už musím jít.
  Jitka: Nemůžete ještě chvíli zůstat?
  Pan Brahms: Ne, opravdu ne. Až jindy.
  Jitka: Tak zase brzo přijďte.

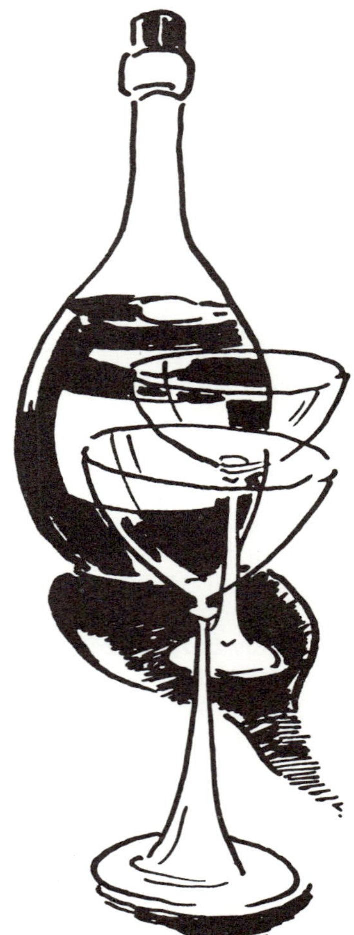

Ü 12 **VARIIEREN SIE:** Personen, Tag, Ort, Tätigkeit

Ü 13 **Übung:**

Entschuldigen Sie sich, – daß Sie jetzt weggehen müssen
– daß Sie keine Zeit haben
– daß Sie um 5 Uhr einen Termin haben

Ü 14 **Führen Sie Gespräche:**

(folgende Wörter und Wendungen können Sie als Hilfe gebrauchen)

Co jsi dělal včera večer?	Ano, byli.
Kde jste byl včera?	V kině.
Byli jste včera doma?	Ne, v divadle.
Byli jste na návštěvě?	Ano, měli jsme návštěvu.
Viděli jste ten nový film?	Byli jsme na návštěvě.
Nebyli jste včera v divadle?	Ještě ne.

Erzählen Sie, wie es war!

Ü 15

- Eva ztratila peníze. Potom je zase našla. Bylo to tak:
  Napřed .... (gehen) nakupovat. To peníze měla, protože .... (bezahlen). Potom .... (kommen) domů a .... (fahren) na kole. U kiosku si .... (wollen) koupit zmrzlinu, ale peníze .... (war) pryč. Kde byly?

- Zdena ztratila klíče. Napřed .... s Jitkou ve škole. Druhý den Jitka .... (anrufen), že (vergessen) ve škole kazetu. Zdena kazetu .... (schicken) Jitce. Najednou byly klíče pryč. Kde byly?

Haben Sie einmal etwas verloren? Wie war es?

Ü 16

JEDNA FRÁZE DENNĚ

Pondělí: Kdo to byl? Co to bylo? Jaké to bylo?
Úterý: Nerozuměl jsem.
Středa: Kolik je hodin? Kolik bylo hodin?
Čtvrtek: Seminář trval dvě hodiny.
Pátek: Od dvou do tří hodin jsem doma.
Sobota: Jak jste se měl? Jak jste se měli?
Neděle: Neměl jsem čas.

ani – ani	weder – noch
často	oft
čtvrt, *w.*	Viertel
dát, dám	geben
dřív, dříve	früher
hlavně	vor allem
hodina, *w.*	Uhr, Stunde
hodinky, *Pl.*	Armbanduhr
hodiny, *Pl.*	Uhr
kancelář, *w.*	Büro
klíč, *m.*	Schlüssel
kupovat	kaufen
měli jsme se rádi	wir hatten uns gern
najednou	auf einmal
návštěva, *w.*	Besuch
podnik, *m.*	Unternehmen
políbit, políbím	küssen
povídat, povídám	reden
pozdě	spät
pryč	weg
přítelkyně, *w.*	Freundin
rok, *m.*	Jahr
stát se, stane se	passieren
škoda, *w.*	Schade
tancovat, tancuju	tanzen
věřit, věřím	glauben
veselý	lustig
většinou	meistens
výlet, *m.*	Ausflug
vzít, vezmu	nehmen
zábava, *w.*	Unterhaltung
známý	bekannt

10. lekce

KDY? KDE? ZA KOLIK?

A: *LIEDER, TEXTE*

Já bych chtěl informaci

Melodie: *Mein Hut, der hat drei Ecken (Italienisches Volkslied)*

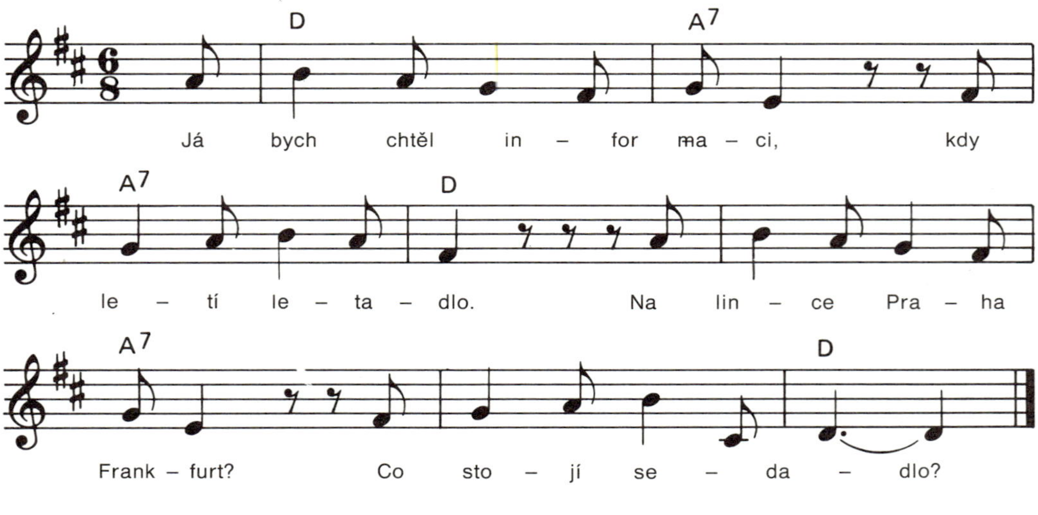

Já bych chtěl informaci

Pan Hurt: Já bych chtěl informaci,
kdy letí letadlo
na lince Praha – Frankfurt.
Co stojí sedadlo?

Hosteska: Letadlo letí v pátek
ve 14.50.
A přestože je svátek,
platí normální řád.

Pan Hurt: Kolik stojí letenka
linka Praha – Frankfurt?
Chtěl bych ji rezervovat
na jméno Pavel Hurt.

Singen Sie noch einmal:

Já bych .... informaci, kdy letí ....
na .... Praha – Frankfurt, co .... sedadlo?
.... letí v ...., ve 14.50.
A přestože je ...., ... normální ....
Kolik stojí .... linka Praha – Frankfurt?
.... ji rezervovat na .... Pavel Hurt.

To je drahý!

Melodie: *Danze delle Ore von Ponchielli*

10. lekce

To je drahý!

To je drahý, hrozně drahý!
Trochu menší, lacinější.
Trochu větší, to je lepší.
To je lepší, mnohem lepší, akorát.

Trochu delší, trochu delší.
Trochu menší, trochu menší.
Modernější, modernější,
to je lepší, to je lepší, akorát!

Anmerkung: In der Umgangssprache sagt man „to je drahý, krásný, laciný..." statt der schriftsprachlichen Form „laciné...".

Singen Sie noch einmal:

To je d ...., hrozně d .. .., trochu ...., l ....
Trochu v ...., to je l ...., to je l ...., to je l ...., akorát.
Trochu d ...., trochu d ...., trochu m ...., trochu m ....
M ...., m .... to je l ...., to je l ...., akorát.

B: *GRAMMATIK, ÜBUNGEN*

STEIGERUNG DER EIGENSCHAFTSWÖRTER

Tschechische Eigenschaftswörter haben so wie die deutschen drei Steigerungsstufen.

DIE ZWEITE STUFE hat meistens die Endung **-ší, -ejší, -ější**
(bei den harten und bei den weichen Eigenschaftswörtern):

mladý – mlad**ší**	nový – nov**ější**	dokonalý – dokonal**ejší**
starý – ...	moderní – ...	světlý – ...
hezký – hez**čí**	elegantní – ...	
	krásný – ...	

DIE DRITTE STEIGERUNFSSTUFE

bildet man aus der zweiten mittels
der Vorsilbe **nej-:**
mladý – **nej**mladší
krásný – **nej**krásnější
dokonalý – nej........................í
elegantní – ....

Manche Eigenschaftswörter werden unregelmäßig gesteigert:

malý	–	menší	–	nejmenší	
velký	–	větší	–	největší	
dobrý	–	lepší	–	nejlepší	
špatný	–	horší	–	nejhorší	
drahý	–	dražší	–	nejdražší	*[draschie]*
dlouhý	–	delší	–	nejdelší	

Eigenschaftswörter **in der 2. und 3. Stufe** dekliniert man **wie weiche Eigenschaftswörter** (s. Anhang – Grammatik).
Beim **Vergleich** gebraucht man **„než"** (als):
Praha je větší než Tábor. Prag ist größer als Tábor.

Vergleichen Sie:

Ü 1

1. *letadlo – vlak* (drahý, rychlý). Auto je ... než vlak.
2. *kniha – časopis* (drahý, laciný)
3. *zelenina – maso* (zdravý)
4. *auto – kolo* (rychlý)
5. *Eva – Monika* (mladý, hezký)
6. *káva – čaj* (dobrý)
7. *psací stroj – computer* moderní)
8. *auto Škoda – auto Mercedes* (krásný, laciný)
9. *Německo – Rakousko – Švýcarsko – Česká republika* (malý, velký)
10. *film – divadlo* – opera (dobrý, hezký)

ZAHLWÖRTER 100–1 000 000

Die Zahlwörter über 100 werden in der Reihenfolge von den größten zu den kleinsten zusammengesetzt.

Hunderter – Zehner – Einser
sto + padesát + dva

100	– (jedno) sto	1 000	– (jeden) tisíc
200	– dvě stě	2 000	– dva tisíce
300	– tři sta	3 000	– tři tisíce
400	– čtyři sta	4 000	– čtyři tisíce
500	– pět set	5 000	– pět tisíc
600	– šest set	100 000	– sto tisíc
700	– sedm set	1 000 000	– milion (männlich)

157 – sto padesát sedm (nicht zusammengeschrieben)
1994 – devatenáct set devadesát čtyři / tisíc devět set devadesát čtyři
154 857 – sto padesát čtyři tisíc osm set padesát sedm

Lesen Sie die Zahlen:

Ü 2

12 863, 1 987, 235 687, 456 123,7 546, 1 235 698, 897, 456, 135, 456, 745

Kolik to stojí? Co to stojí?

Ü 3

10. lekce

Ü 4

Ordnen Sie die Jahreszahlen dem richtigen Jahr zu! Was war in dem Jahr?

1. 1492 a) vznik Československa
2. 1918 b) berlínská krize
3. 1945 c) neutralita Rakouska
4. 1955 d) sjednocení Německa
5. 1961 e) Pražské jaro
6. 1990 f) Kolumbus objevil Ameriku
7. 1968 g) konec druhé světové války

FORTSETZUNG DER DEKLINATION
WEICHE DEKLINATION — MÄNNLICHE UND WEIBLICHE HAUPTWÖRTER

(sie enden auf **ž, š, č, ř, c, j, ď, ť, ň,** weiblich auch auch -e)

	M		W
1.	pokoj	1.	restaurace, skříň, noc
2. (bez)	pokoje	2. (bez)	restaurace, skříně, noci
3. (k)	pokoji	3. (k)	restauraci, skříni, noci
4.	pokoj	4.	restauraci, skříň, noc
6. (v)	pokoji	6. (v)	restauraci, (ve) skříni, v noci
7. (s)	pokojem	7. (s)	restaurací, (se) skříní, nocí

Ähnlich werden z. B.: **dekliniert:**
M: čaj, stroj, koberec, počítač ...
W: kuchyň, ložnice, píseň, ulice, definice, země, postel, věc, daň, láhev, moc, sůl, pomoc, smrt ...
Ergänzen Sie Ihre Tabelle S. 123!

Ü 5

Ergänzen Sie die richtige Form:

láhev s (čaj), vaříme v (kuchyň), spíme v (ložnice), spíme v (postel), jdu na (ulice), formulovat (definice), zajistit (rezervace), leží na (země), zpíváme (píseň), dej mi (sůl), psát na (stroj) nebo na (počítač), mluvte k (věc), džin v (láhev), platíme (daň), s (daň) z přidané hodnoty (Mehrwertsteuer), strana je u (moc), leží to na (koberec), pečivo k (čaj), je po (smrt).

Ü 6

Antworten Sie:

1. Kde spíte? *(ložnice, postel)*
2. Co zpíváme? *(píseň)*
3. Kde je auto? *(ulice)*
4. Co potřebujete při vaření? *(sůl)*
5. Jak píšete protokol? *(stroj, počítač)*
6. Kde leží pes Baryk? *(koberec)*
7. Kde je pivo? *(láhev)*
8. Kde vaříte? *(kuchyň)*
9. Kde máte šaty? *(skříň)*
10. Kde jíte? *(restaurace)*

Ü 7

Sagen Sie auf Tschechisch:

im Schrank, im Restaurant, in der Küche, im Zimmer, ins Zimmer, auf dem Stuhl, im Schlafzimmer, ins Schlafzimmer, im Tee, in den Tee, nach dem Tod, mit der Mehrwertsteuer, in der Flasche, im Restaurant, auf der Straße, in der Definition, im Bett, im Schlafzimmer, im Zimmer, auf der (Schreib)maschine, ohne Hilfe, zur Sache.

MEHRZAHL DER HAUPTWÖRTER
1., 2. UND 4. FALL

Erinnern Sie sich:

1 šilink	– dva šilinky	– 5 šilinků
1 koruna	– dvě koruny	– 5 korun

M		W		S	
hart	**weich**	**hart**	**weich**	**-o**	**-í**
1. park**y**	pokoj**e**	žen**y**	restaurac**e**	měst**a**	nádraž**í**
2. park**ů**	pokoj**ů**	žen	restaurac**í**	měst	nádraž**í**
4. park**y**	pokoj**e**	žen**y**	restaurac**e**	měst**a**	nádraž**í**

Ergänzen Sie:

Ü 8

jeden šilink –	dva šilinky	pět šilinků – hodně šilinků
jeden týden –	dva ... –	pět ... hodně ...
jeden oběd –	dva ... –	pět ...
jeden computer –	dva ... –	pět – ...
jeden bankomat –	dva ... –	pět ...
jeden dolar –	dva ...	pět ...
jedna koruna –	dvě koruny –	pět korun – hodně korun
jedna kniha –	dvě – ...	pět ...
jedna káva –	dvě ... –	pět ...
dívka –	dvě ... –	pět ...
žena –	dvě ... –	pět ...
jedno pivo –	dvě piva –	pět piv
jedno auto –	dvě ... –	pět ...
1 kino –	dvě ... – pět ...	
1 město ...	jedna restaurace ...	
1 auto ...	1 noc ...	
1 kino ...	1 židle ...	
1 nádraží ...	1 postel	
1 náměstí ...	1 věc	
jeden pokoj –	dva pokoje –	pět pokojů
1 čaj – ...		
1 koberec ...		
1 počítač ...		

Ergänzen Sie: (in der Mehrzahl)

Ü 9

1. Máme tři (pokoj). 2. Zpíváme české (píseň). 3. V ložnici jsou dvě (postel). 4. Učím se samé (definice). 5. Na plánu jsou všechny (ulice). 6. Koupili jsme hodně (věc). 7. Máme dva psací (stroj). 8. V domě jsou dvě (kuchyně) a čtyři (ložnice).

C: *KOMMUNIKATIVE ÜBUNGEN*

Ü 10

Bilden Sie Dialoge:

Můžete mi rezervovat ...	Bohužel už nemáme.
jízdenku, letenku, lístek, knihu ...	Ano jistě.
pokoj, lístek do kina ...	
Kdy jede vlak do / letí letadlo do ...	Za hodinu.
Kdy jede autobus do ...	Už je pryč.
Kde je stanice metra?	
Máte prosím vás jízdní řád?	Tady, prosím.
(program, tužku, vodu)?	
Kolik stojí ... (nocleh, večeře, lístek ...)?	Padesát korun.
	To je zadarmo.
Můžete mi říci ... kde ... kdy ... kdo ...?	Bohužel nevím.
	Zeptejte se tamhle.
Máte trochu větší číslo?	Ano, okamžik.
	To je bohužel poslední.
	Ne, mám jen menší.
Máte tady psací stroj?	Tamhle vzadu.
	Ano, tamhle.
Můžu si napsat něco na počítači?	Prosím, beze všeho.
	Teď to nejde, přijďte později.

Ü 11

Wie hoch sind die Preise in ihrem Land?

(Kommentieren Sie Preisunterschiede)

Vlak stojí 50 korun na sto kilometrů. To není drahé.
Ale nocleh v Praze stojí ....! To je moc ....
.... ne, jen tuhle velikost ....
Nocleh v Praze je (teurer) než v ....
Pivo stojí v restauraci 20 korun. To je (billiger) než ....
Noviny stojí 4 koruny. To je ....
Oběd v restauraci stojí od 40 do 200 a víc korun. To ....
Kilo masa stojí asi 100 korun. To ....
100 g šunky stojí 15 korun. To ....
Jeden rohlík stojí asi korunu. To ....
Zdravotní sestra dostane 5000 korun za měsíc. To ....
Dělník dostane 4000 korun za měsíc. To .... (Stand 1994)

Ü 12

Ü 13

Ist das richtig?

Letenka letí do Prahy.
Vlak je lacinější než letadlo.
1. ledna je svátek.
Letadlo letí v létě.
Luxusní věci jsou drahé.
Chtěl bych rezervovat konzervu.
Každá velikost je veliká.

Was paßt nicht dazu?

velký – malý – dlouhý – černý
kuchyně – kancelář – ložnice – pokoj
vlak – letadlo – letenka – auto
linka – informace – restaurace – židle
koruna – marka – lira – frank

JEDNA FRÁZE DENNĚ

Pondělí: Chtěl bych informaci
Úterý: Máte prosím vás jízdní řád?
Středa: Můžete mi rezervovat pokoj na dvě noci?
Čtvrtek: V pondělí je svátek.
Pátek: Máte ještě volný pokoj?
Sobota: Je tu ještě místo?
Neděle: Takhle je to lepší.

beze všeho	ohne weiteres	pokoj, *m.*	Zimmer
daň, *w.*	Steuer	pomoc, *m.*	Hilfe
jízdenka, *w.*	Fahrkarte	poslední	der letzte
jízdní řád, *m.*	Fahrplan	postel, *w.*	Bett
koberec, *m.*	Teppich	psací stroj, *m.*	Schreibmaschine
konec, *m.*	Ende	rychlý	schnell
kuchyň, *w.*	Küche	sedadlo, *s.*	Platz
láhev, *w.*	Flasche	sjednocení, *s.*	Vereinigung
letenka, *w.*	Flugkarte	skříň, *w.*	Schrank
letový řád, *m.*	Flugplan	smrt, *w.*	Tod
ležet, ležím	liegen	stroj, *m.*	Maschine
linka, *w.*	(Flug)linie	sůl, *w.*	Salz
ložnice, *w.*	Schlafzimmer	svátek, *m.*	Feiertag
mnohem	viel mehr	světlý	hell
moc, *w.*	Macht	válka, *w.*	Krieg
napsat	schreiben	vaření, *s.*	Kochen
nocleh, *m.*	Übernachtung	věc, *w.*	Sache
objevit, objevím	entdecken	vznik, *m.*	Entstehung
píseň, *w.*	Lied	zadarmo	umsonst
počítač, *m.*	Computer	zpívat, zpívám	singen

11. lekce

PRAHA

A: *LIEDER, TEXTE*

Zdravíme vás z Prahy

Melodie: *(Mexican Hatdance)*

Zdravíme vás z Prahy

1. My vás zdravíme mnohokrát z Prahy.
   Je tu hezky a všechno je drahý.
   Bydlíme tady v hotelu Forum,
   pijeme pivo, kolu a rum.

2. Praha je ovšem moc hezké město,
   líbí se mi tady Staré Město,
   Karlův most, Hradčany, Malá Strana,
   zdraví Vás všechny Vaše Jana.

3. Václavské náměstí, Prašná brána,
   zlatá Praha, ta je všude známá,
   Kdo ji nezná, měl by ji navštívit,
   tam se vám bude líbit.

Singen Sie noch einmal:

My .... zdravíme .... z Prahy! Je tu .... a všechno je ....

Bydlíme tady v .... Forum, pijeme ...., pivo a ....

Praha je ovšem .... hezké ...., líbí se .... Staré ....,

Karlův ...., Hradčany, Malá ...., zdraví .... všechny .... Jana.

Václavské ...., Prašná ...., zlatá ...., ta je všude ....,

kdo ji ...., měl by ji ...., tam se vám bude ....

Praha je krásná (šlágr 30. let)

(Hören Sie das Lied von der Kassette):

Praha je krásná, když se den rozednívá,
za nocí, když se stmívá, nad Vltavou.
Je vždycky krásná, za nocí plná stínů,
ukrytá do jasmínů, nad Vltavou.

Prag ist schön, wenn der Tag hell wird,
in der Nacht, wenn es finster ist, über der Moldau.
Es ist immer schön, in der Nacht, voll von Schatten,
versteckt im Jasmin, über der Moldau.

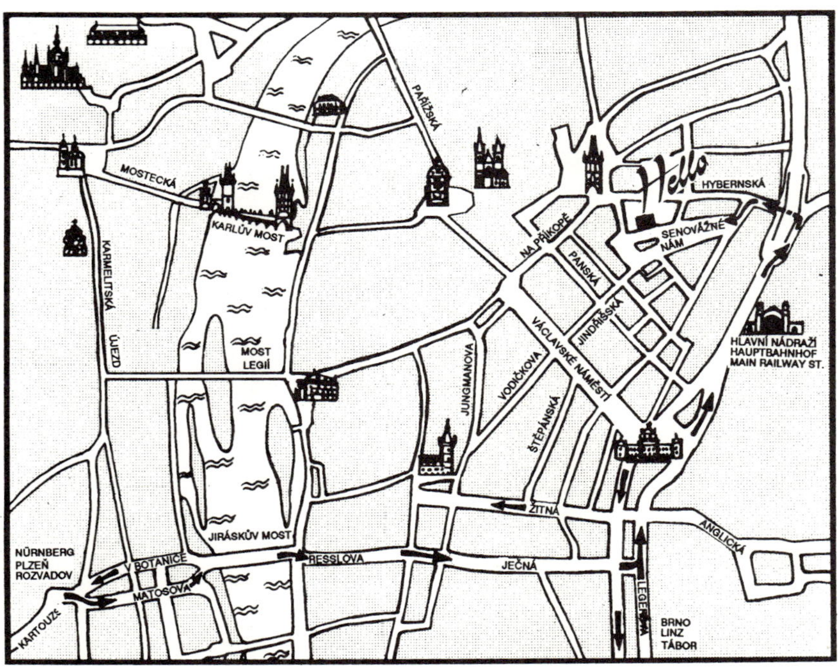

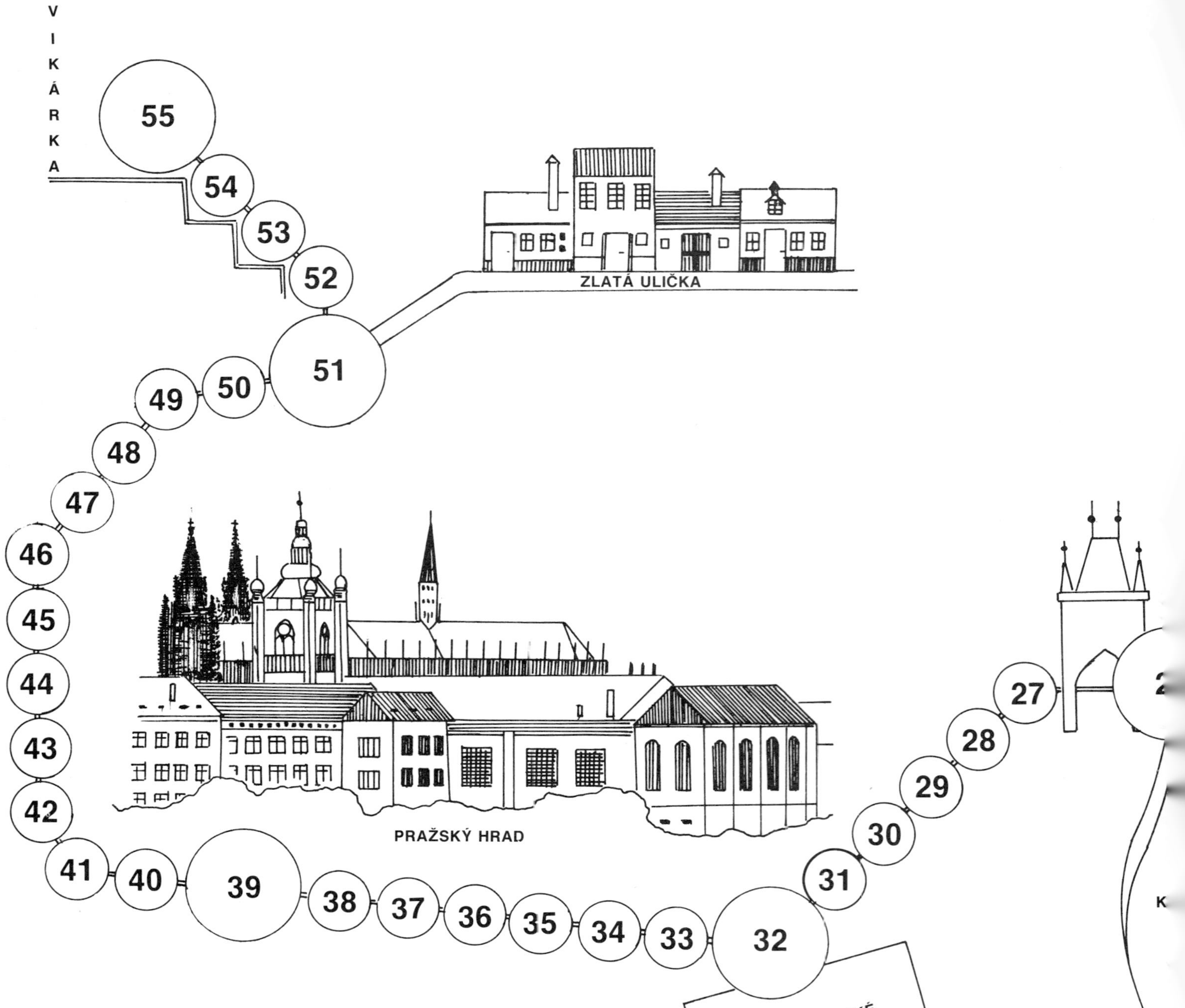

CHRÁM SV. MIKULÁŠE

PRAHA

Praha je hlavní město České republiky. Leží v centru Čech na řece Vltavě. Má dnes víc než milion obyvatel. Je to sídlo prezidenta a vlády, jsou tady ministerstva, úřady, banky a podniky. Ale Praha je také turistické centrum. Lidé z celého světa navštěvují Prahu a obdivují krásu města.
Praze se říká „stověžatá", ale má určitě víc než sto věží. Kdo jednou uviděl panoráma Prahy, kdo šel ze Staroměstského náměstí přes Karlův most a Malostranské náměstí na Hradčany, kdo se díval z Hradu dolů na město, navštívil Zlatou uličku nebo Vyšehrad, ten poznal krásu a charisma tohoto města a určitě se vždycky do Prahy vrátí. Přijedete i Vy? Tady je pro Vás připravena procházka Prahou.
Honem na start!

Hra „Procházka Prahou“

číslo 1: Start. Jdete od Muzea pěšky přes Václavské náměstí na Můstek.
číslo 9: Jste na Můstku. Chcete ještě vidět Národní divadlo. Jdete doleva Národní třídou a tři kola se zdržíte.
číslo 14: Staroměstské náměstí. Je celá hodina a bije orloj. Díváte se a zdržíte se 1 kolo.

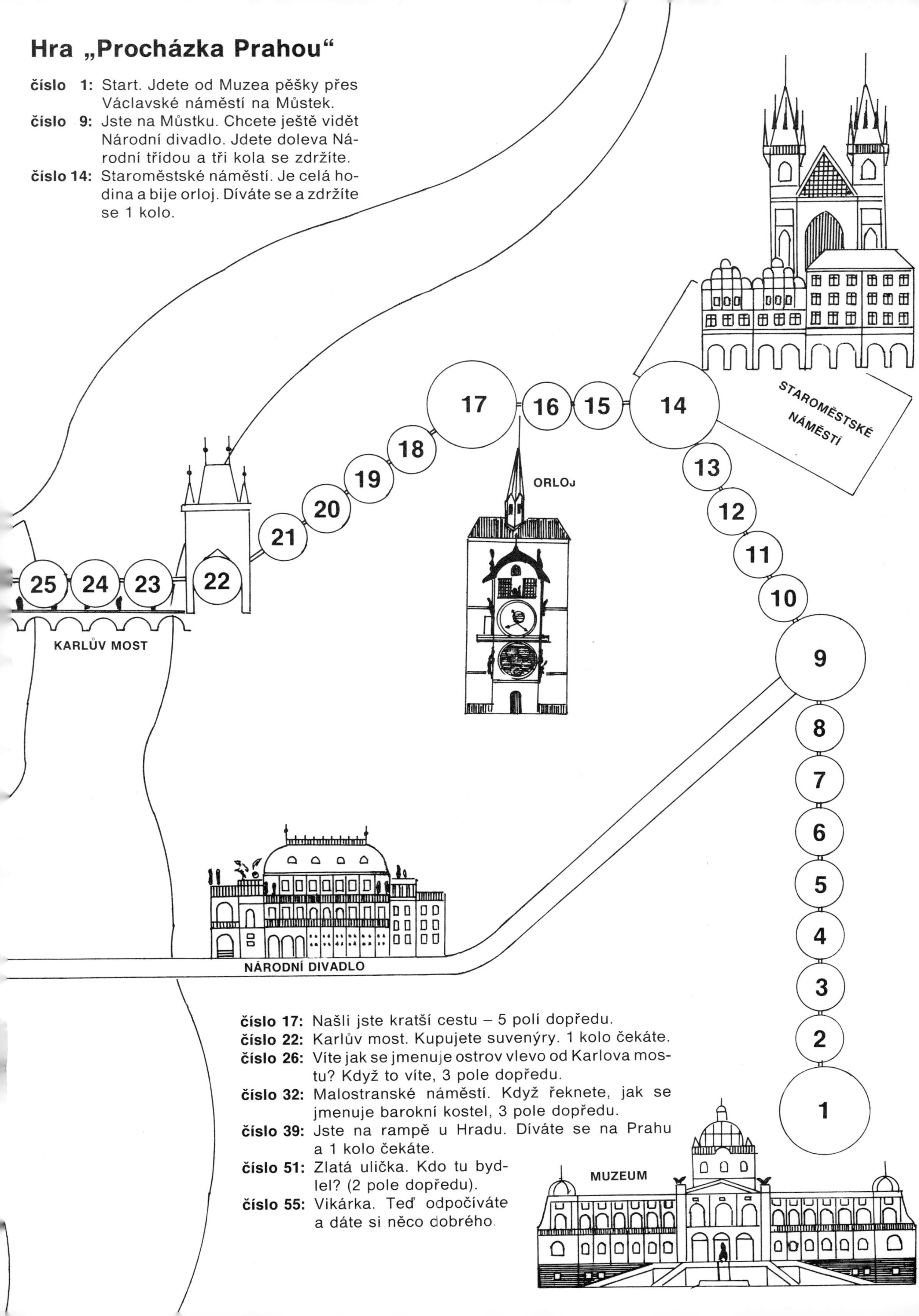

číslo 17: Našli jste kratší cestu – 5 polí dopředu.
číslo 22: Karlův most. Kupujete suvenýry. 1 kolo čekáte.
číslo 26: Víte jak se jmenuje ostrov vlevo od Karlova mostu? Když to víte, 3 pole dopředu.
číslo 32: Malostranské náměstí. Když řeknete, jak se jmenuje barokní kostel, 3 pole dopředu.
číslo 39: Jste na rampě u Hradu. Díváte se na Prahu a 1 kolo čekáte.
číslo 51: Zlatá ulička. Kdo tu bydlel? (2 pole dopředu).
číslo 55: Vikárka. Teď odpočíváte a dáte si něco dobrého.

B: *GRAMMATIK, ÜBUNGEN*

GRUNDSÄTZLICHES ÜBER NEBENSÄTZE

Tschechisch hat mehr Endungen und Fälle als das Deutsche, hat aber eine weniger streng gebundene Wortfolge.

Schon von der Lektion 7 wissen wir, daß Tschechisch keinen Satzrahmen hat (**Můžu mluvit** s panem Voglem?).

In den tschechischen Nebensätzen muß das Zeitwort nicht am Ende stehen, sondern die Wortfolge kann variieren, je nach dem, was wir betonen wollen.

Jsem rád, že dnes **přijdeš** k nám.
Jsem rád, že **přijdeš** dnes k nám.
Jsem rád, že k nám dnes **přijdeš**.

Die wichtigsten Bindewörter (Konjuktionen), die Gliedsätze einleiten, sind:

že	(daß):	Jsem rád, že je neděle.
protože	(weil):	Jsem doma, protože je neděle.
když	(wenn, falls):	Když je to tak, jdu s vámi. (wenn, falls)
		Když jsem byl malý, bydlel jsem v Praze. (als)
		Když jsem měl čas, šel jsem na Hrad (immer wenn)
jestli	(wenn, ob):	Jestli pojedu do Prahy, půjdu na Hrad.
		Nevím, jestli je to pravda.
až	(bis):	Počkám, až přijdeš.
přestože	(obwohl):	Přestože jsem nemocný, jdu do práce.
kdyby	(wenn):	in Bedingungssätzen
aby	(daß):	in Finalsätzen (warum?)

Die letzten zwei Bindewörter brauchen die Bedingungsform, deshalb werden sie hier noch nicht behandelt.

Tschechische Gliedsätze werden **immer mit Bindewörtern eingeleitet,** man kann diese nicht auslassen wie im Deutschen:
Ich glaube, er ist krank. *Myslím,* **že** *je nemocný.*

Ü 1 **Ergänzen Sie das richtige Bindewort:**

1. .... chceš, přijdu zítra. 2. Nevím, ... je to pravda. 3. .... prší, jsme doma. 4. Zůstanu doma, ... jsem nemocný. 5. .... jsme byli v Praze, viděli jsme Hradčany. 6. .... jsem byl malý, hrál jsem si s míčem. 7. .... mluvíš pomalu, rozumím ti. 8. Počkáme, ... zavolá ještě jednou. 9. Nemůžu jít do kina, ... se musím učit. 10. Myslím, ... je to dobře. 11. Víš, ... je Jana tady? 12. Čekám, ... mi něco řekneš. 13. Nechci jídlo, ... mám dietu. 14. Dej mi to, ... to nechceš. 15. Vím, ... nic nevím.

Ü 2 **Verbinden Sie die Sätze:**

1. **Mám hlad. Jím chleba se sýrem. Když mám hlad,** .... 2. Nepřijdu. Nemám čas. 3. Jana je doma. Nevím to. 4. Neřeknu nic. Nic nevím. 5. Jdu do banky. Potřebuju peníze. 6. Prší. Zůstaneme doma. 7. V kanceláři nikdo není. Je 6 hodin. 8. Jdu na poštu. Potřebuju poslat dopis. 9. Zeptej se Olgy: Chceš kávu? 10. Petr hodně jí. Je štíhlý. 11. .... je to daleko, jdeme pěšky. 12. .... je to daleko, jedeme autobusem.

11. lekce

DEKLINATION – FORTSETZUNG: MÄNNLICHE BELEBTE HAUPTWÖRTER

Belebte männliche Hauptwörter sind hart **(pán)** und weich **(muž, učitel)**

1. pán	/ pan
2. pán**a**	/ pan**a**
3. pán**ovi**	/ pan**u**
4. pán**a**	/ pan**a**
5. pan**e!**	
6. pán**ovi**	/ pan**u**
7. pán**em**	/ pan**em**

Die Form *„pán"* gebraucht man ohne Namen (im Sinne von *„Mann"*)
Je tady nějaký pán.

Die Form *„pan"* gebraucht man in der Verbindung mit einem Namen:
Můžu mluvit s panem Voglem?

Wie *„pán"* dekliniert man z.B.: *kluk, Angličan, Evropan, Čech, Rakušan, Švýcar, ekonom, prezident, doktor, inženýr, student...* d.h. die männlichen belebten Hauptworter, die auf **-h, -ch, -k, -r, -d, -t, -n** enden (diese Konsonanten sind im Tschechischen hart und nach ihnen wird immer -y geschrieben).

Genauso werden männliche Vornamen dekliniert: Petr, Pavel, Karel, Manfred, Viktor... (Anrede mit Vornamen s. L. 3.)

Im Tschechischen gibt es keine schwachen Maskulina wie im Deutschen (z. B. Student).

Sagen Sie die richtige Form: **Ü 3**

1. Jdeme k (Petr). 2. To patří (Karel). 3. Čekáme na (Manfred). 4. Mluvíme o (Václav). 5. Dostal jsem to od (Libor).

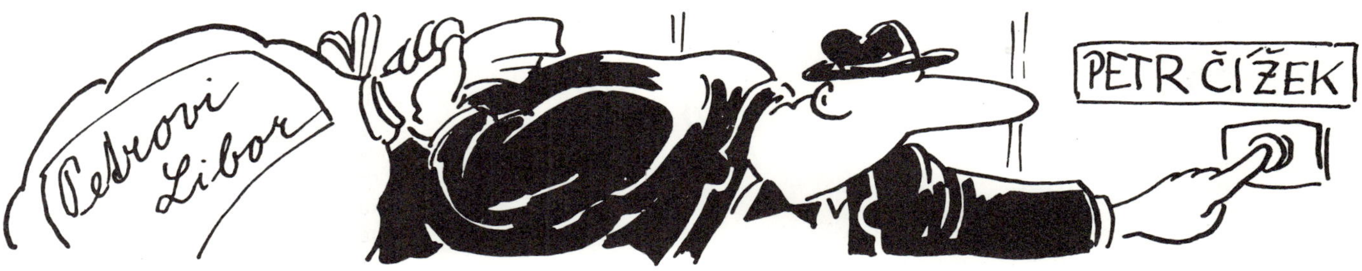

VERBINDUNG PAN + NAME (PAN NOVÁK)

1.	pan	Novák	pan	doktor	Novák
2.	pan**a**	Novák**a**	pana	doktora	Nováka
3.	pan**u**	Novák**ovi**	panu	doktoru / doktorovi	Novákovi
4.	pan**a**	Novák**a**	pana	doktora	Nováka
5.	pan**e**	Novák!	pane	doktore!	(im Tsch. ohne Namen)
6.	pan**u**	Novák**ovi**	panu	doktorovi / doktoru	Novákovi
7.	pan**em**	Novák**em**	panem	doktorem	Novákem

Ergänzen Sie: **Ü 4**

1.To je (pan Novák). 2. Dnes odpoledne navštívíme (pan Pammer). 3. Jdu na seminář s (pan Čížek). 4. Znáte (pan Vaněk)? 5. Dejte to prosím (pan Schiffkorn). 6. Mluvíme o (pan Slavík). 7. To máme od (pan Štěpánek). 8. Dobrý den, (pan Alzner)! 9. Musíme jít bez (pan Kohout), je nemocný. 10. To jsou reformy (pan Zeman).

Ergänzen Sie: **Ü 5**

1. Jdu k (pan inženýr Mašek). 2. To je v kompetenci (pan doktor Stifter). 3. Zeptejte se (pan inženýr Jech, 2. F.). 4. Víte něco o (student Staněk)? 5. Mluví se o (pan prezident Havel).

11. lekce

WEICHE DEKLINATION – MASKULINA

Die männlichen Hauptwörter, die auf andere Laute als oben angeführt enden, werden wie **„muž"** dekliniert:

1. muž
2. mu**že**
3. mu**ži**, mu**žovi**
4. mu**že**
5. mu**ži**!
6. mu**ži**, mu**žovi**
7. mu**žem**

Ähnlich werden dekliniert z.B.:
učitel, ředitel, herec, podnikatel, bankéř, spisovatel, přítel, ...
und auch Familiennamen:
Schwarz, Klaus, Kurz, Tesař, ...
(sie enden **nicht** mit h, ch, k, r, d, t, n)

Ü 6

Ergänzen Sie:

1. Jana jde s nějakým (muž). 2. Ta kniha je od (spisovatel) Hrabala. 3. Řeknu to jen (přítel). 4. Mám rád (herec) Redforda. 5. Jdeme k (ředitel). 6. Děti často mluví o (učitel). 7. Jdeme bez pana (Schwarz), je nemocný. 8. Viděli jsme pana (Kurz). 9. To jsou reformy pan (Klaus). 10. To je pro pana (Tesař).

MÄNNLICHE NAMEN AUF – A

werden dekliniert wie **škola,** nur im **3. und 6.** Fall haben sie männliche Formen **wie** pan:

1. Jard**a**
2. Jard**y**
3. Jard**ovi**
4. Jard**u**
5. Jard**o**!
6. Jard**ovi**
7. Jard**ou**

Ähnlich: Tonda, Pepa, Ota, Honza, ...
und auch Familiennamen: Svoboda, Hruška, Kratina ...

Ü 7

Ergänzen Sie:

1. To je pro (Jarda, 4). 2. Jdu s (Tonda) do kina. 3. Dám to (Honza). 4. Vidíš (Pepa)? 5. Ty květiny jsou od (Ota). 6. Znám (pan Kratina). 7. Jdu s (pan Svoboda). 8. Nevíme nic o (pan Hruška). 9. Přijdu k panu (Kalina). 10. Dobrý den, pane (Janda).

C: *KOMMUNIKATIVE ÜBUNGEN*

8 Ü

Wichtige Adressen in Prag:

Co uděláte / kam jdete, když:

- jste ztratil pas
- musíte ráno v pět hodin vstávat
- potřebujete poslat telegram
- nevíte, kdy jede vlak
- potřebujete peníze
- hoří!
- máte havárii
- jste cizinec a jste nemocný
- potřebujete vízum
- chcete jít do divadla / na koncert / do opery / do muzea
- potřebujete jízdenku na metro
- potřebujete plán Prahy
- potřebujete telefonní číslo

Informace a telefonní čísla v Praze

policie 158
záchranná služba 155
hasiči 150
buzení 125
telegram 127
celní informace 232 22 70
hlavní pošta: Praha 1, Jindřišská 14

lékařská služba pro cizince:
Karlovo náměstí 32, Praha 2
tel.: 29 93 81
ztráty a nálezy: Praha 3, Olšanská 2
(dokumenty)
německé vyslanectví:
Praha 1, Vlašská 19, tel.: 24 51 03 25-8
rakouské vyslanectví:
Praha 5, Viktora Huga 10,
tel.: 24 51 16 77-9
švýcarské vyslanectví:
Praha 6, Pevnostní 7
tel.: 24 31 12 28

Variien Sie: Ü 9

● + Co chceš v Praze vidět?
★ Hradčany a Zlatou uličku.
+ Jak dlouho tu zůstaneš?
★ Tři dny.

(+: jíst, spát, dělat, koupit, studovat)
★ : české jídlo, hotel Ambassador, studentská kolej, jít na univerzitu, do knihovny, na ministerstvo, do divadla, dva dny, týden, pivo, sklo, bohemistiku, ekologii)

Was bedeutet die Durchsage in der Metro? Ü 10

1. Přestup na trasu A	a) Endstation
2. Ukončete nástup, dveře se zavírají	b) Rechts aussteigen
3. Konečná stanice	c) Umsteigen auf Linie A
4. Vystupujte na pravé straně	d) Nicht mehr einsteigen, die Tür schließt zu
5. Příští stanice	e) Nächste Haltestelle

Napište pozdrav z Prahy! Ü 11

Er sollte folgende Punkte enthalten:
Datum – Gruß – kurze Nachricht, wie es Ihnen geht und wann Sie zurückkommen – Abschluß – Unterschrift

JEDNA FRÁZE DENNĚ

Pondělí: Zdravíme vás z Prahy.
Úterý: Zeptám se pana doktora Slavíka.
Středa: Dej to panu Svobodovi.
Čtvrtek: Přestože prší, jdu ven.
Pátek: Když mám čas, čtu.
Sobota: Počkám až přijdete.
Neděle: Vím, že je to pravda.

bude se líbit	es wird gefallen
havárie, havárka, *w.*	Unfall
herec, *m.*	Schauspieler
hezky	schön
honem	schnell
hořet, hořím	brennen
hoří!	Feuer!
Karlův most, *m.*	Karlsbrücke
knihovna, *w.*	Bibliothek
krása, *w.*	Schönheit
lidé, *pl.*	Leute
měl by	er sollte
najít, najdu	finden
Národní třída, *w.*	Nationalstraße
nastupovat, nastupuju	einsteigen
navštívit	besuchen
něco dobrého	etwas Gutes
nemocný	krank
obyvatel, *m.*	Einwohner
odpočívat, odpočívám	sich ausrasten
ostrov, *m.*	Insel
ovšem	jedoch
podnikatel, *m.*	Unternehmer
poslat	schicken
přes	über
přestupovat, přestupuju	umsteigen
připravit, připravím	vorbereiten
řeka, *w.*	Fluß
sídlo, *s.*	Sitz
sklo, *s.*	Glas (Material)
spisovatel, *m.*	Schriftsteller
stověžatá Praha, *w.*	das hunderttümige Prag
studentská kolej, *w.*	Studentenheim
učitel, *m.*	Lehrer
určitě	bestimmt
úřad, *m.*	Amt, Büro
věž, *w.*	Turm
víc, více	mehr
vláda, *w.*	Regierung
vstávat, vstávám	aufstehen
všude	überall
vystupovat, vystupuju	aussteigen
z celého světa	aus der ganzen Welt
zdraví vás všechny ...	es grüßt Sie alle ...
Zlatá ulička, *w.*	Goldene Gasse
ztratit, ztratím	verlieren
že	daß

12. lekce

AUTO, DOPRAVA

A: *LIEDER, TEXTE*

Parkování zakázáno

Melodie: *Funiculi Funicula*

Parkování zakázáno

Policie: Moment, pane, vaše doklady,
smíte jet nejvíc devadesát.
A vy jedete, vy jedete sto osmdesát,
zaplatíte pokutu a žádné dohady.

Policie: To dělá celkem tisíc korun,
zaplaťte je tady na místě.

Pan Kurz: Já nemám český koruny!

Policie: To není drama, hned tamhle přes ulici
je naše směnárna.

Za hodinu:

Pan Kurz: Moje auto už tady není!
Parkování je zakázáno.
Moje auto, to už je pryč, je odtažený!
Kde ho najdu, kde ho najdu? Den je zkažený.

Za hodinu:

Pan Kurz: Štěstí, že umím dobře česky,
jinak jsem to auto nenašel.
Na „Parkování zakázáno" už nebudu stát!
Pokutu a odtažení nemám vůbec rád.

Singen Sie noch einmal:

Moment, pane, vaše ...., smíte .... nejvíc 90.
A vy ...., vy .... 180, zaplatíte ....
a žádné ....
To dělá .... tisíc ...., ... je tady na místě!
Já nemám český ....! To není ...., hned tamhle přes ....
je naše ....
Moje auto, už ...., parkování je ....
Moje auto, to už je ...., je ....,
kde ho ...., kde ho ...., den je ....
Štěstí, že .... dobře ...., jinak jsem to auto ....
na p.......................... z.......................... už nebudu s..........................,
p.......................... a o.......................... nemám vůbec rád

KDE JE MOJE AUTO?

Pan Rechberger je obchodně v Praze. Bydlí v hotelu Ambassador a parkuje v centru města. Dnes večer má schůzku se svým obchodním partnerem. Když se vrátí, nechce tomu ani věřit. Jeho auto je pryč! Jde do recepce.

Pan R: Ztratilo se mi auto. Bylo dole na Václavském náměstí a teď je pryč.
Recepční: Jaké to bylo auto?
Pan R: Černé AUDI 100, rakouská poznávací značka W 9825.
Recepční: Zavoláme na policii, nebo víte co, napřed to zkusíme na odtahovou službu.

Za 10 minut:

Recepční: Je to tak, jak jsem si myslel, pane. Vaše auto je odtažené v Hloubětíně. Stál jste na zákazu parkování. Ale teď už je pozdě, jsou tam až zítra ráno.
Pan R: Jak se tam dostanu?
Recepční: Ráno vám zavolám taxíka, taxikář už bude vědět, kde to je. Sám byste to nenašel. A až přijedete, dejte si auto raději do hotelové garáže.

12. lekce

CO UDĚLÁM, KDYŽ...

Paní Říhová nerada řídí auto. Zítra ale musí jet, protože má nutný termín a její manžel není doma. Paní Říhová má napsáno, co udělá, když se něco stane:

- havárka – zavolám policii (telefon 158)
- když je někdo zraněný, zavolám záchranku (155)
- když mi někdo ukradne auto, zavolám policii (158)
- když mi odtáhnou auto, zeptám se na policii, kde je odtahová služba a pro auto dojdu
- když mi někdo poškodí auto, nahlásím to na policii a do pojišťovny
- když auto dál nejede, podívám se, jestli mám benzín. Když ano, zastavím prvního gentlemana a ten mi pomůže. Když gentleman nezastaví, zavolám do autoservisu.
- Povolená rychlost v České republice:
  na dálnici 110 km za hodinu
  na silnici 90 km za hodinu
  ve městě 60 km za hodinu.

DIALOGE

● U PUMPY

A: Můžete mi říct, kde máte benzín pro auta s katalyzátorem?
B: To je u nás „natural“, ten se zeleným nápisem.
A: A co je „Diesel?“
B: To je česky „nafta“.

● AUTO PANA PECHA SE SRAZILO S AUTEM PANA DAVIDA

Pan Pech: Člověče, nevidíte že mám přednost zprava?
Pan David: Jo, ale nevidíte, že jedu po hlavní silnici?
Pan Pech: No to je teda radost. Musíme to nahlásit na policii a dát jim číslo naší pojistky. Máte taky havarijní pojištění?
Pan David: To nemám, na tohle auto se to už nevyplatí. Musí se to zaplatit z vašeho pojištění.

● V AUTODÍLNĚ

Pan Alzner: Mám na autě poruchu, můžete se na to podívat?
Mistr: Co na tom máte?
Pan Alzner: Nefunguje spojka.
Mistr: Podíváme se na to, kdy to potřebujete?
Pan Alzner: Co možná brzo, musím odjet.
Mistr: Zítra odpoledne?
Pan Alzner: Dopoledne by to nešlo?
Mistr: Tak se tady zeptejte, ale nemůžu nic slíbit, dokud nevím, co tam je.

B: *GRAMMATIK, ÜBUNGEN*

PASSIV

Im Tschechischen wird das Passiv nicht so oft gebraucht wie im Deutschen. Es wird mit Hilfe von sein + Partizip Passiv gebildet. Das Partizip Passiv bildet man vom Infinitiv meistens durch die Endung **-n**: **zakázat – zakázán**.

In dieser Lektion sind mehrere oft gebrauchte Passivformen:

	M	F	N
zakázat	zakáz**án**	zakáz**ána**	zakáz**áno**
otevřít	otevř**en**	otevř**ena**	otevř**eno**
zavřít	zavř**en**	zavř**ena**	zavř**eno**
ukrást	ukrad**en**	ukrad**ena**	ukrad**eno**
obsadit	obsaz**en**	obsaz**ena**	obsaz**eno**
pojistit	pojiště**n**	pojišt**ěna**	pojišt**ěno**
rezervovat	rezervov**án**	rezervov**ána**	rezervov**áno**
říci (sagen)	řeč**en**	řeč**ena**	řeč**eno**
zaparkovat	zaparkov**án**	zaparkov**ána**	zaparkov**áno**
zkazit	zkaž**en**	zkaž**ena**	zkaž**eno**
zranit	zran**ěn**	zran**ěna**	zran**ěno**
zaplatit	zaplac**en**	zaplac**ena**	zaplac**eno**

Zum Passiv gehört das Hilfsverb **být / sein** in **der jeweiligen Person oder Zeit:**

Obchod je zavřen. Das Geschäft ist geschlossen.
Obchod byl zavřen. Das Geschäft war geschlossen.
Auto **je** pojištěno. Das Auto ist versichert.
Auto **bylo** pojištěno. Das Auto war versichert.

Vom Sinn her entsprechen die obigen Passivformen dem deutschen Zustandspassiv (es ist geschlossen).

Sagen Sie jetzt auf Deutsch:

Ü 1

1. Banka je otevřena. 2. Auto bylo ukradeno a nebylo pojištěno. 3. Stůl je rezervován. 4. Nikdo nebyl zraněn. 5. Je zaplaceno. 6. Auto bylo odtaženo. 7. Podnik byl zavřen. 8. Obraz byl poškozen. 9. To už bylo řečeno. 10. Kouřit je tady zakázáno.

Ergänzen Sie:

Ü 2

1. Parkování je tady .... (zakázat). 2. Kufr byl .... (ukrást). 3. Je někdo .... (zranit)? 4. Už je .... (zavřít). 5. Pojďte dál, je .... (otevřít). 6. Auto je špatně .... (zaparkovat). 7. Ten obraz už je .... (prodat). 8. Pokoj je pro vás .... (rezervovat). 9. Místo je .... (obsadit). 10. Všechno už bylo .... (udělat).

Das tschechische Partizip Passiv wird oft zu einem **harten Adjektiv**, und zwar nur durch die Zugabe der Endung **-ý, -á, -é** (wie „mladý, mladá, mladé"). In der Mehrzahl konnen Sie statt mehrerer schriftsprachlicher Endungen die umgangssprachliche Endung **-ý** gebrauchen. Sie ist im Gespräch akzeptabel.

zavřený bar **zavřená banka** **zavřené auto*** **zavřený banky (bary, auta)**

Solche Formen gebraucht man gleich wie die Eigenschaftswörter, und zwar sowohl im Attribut (zavřená banka), als auch im Prädikat (banka je zavřená).
Diese Formen sind **meistens häufiger** als die oben erwähnten mit kurzem Vokal (d.h. eher „banka je zavřená" als „banka je zavřena").

12. lekce

Ü 3

Ergänzen Sie:

zakázaný (východ)	zakázaná	(cesta)	zakázané	(parkování)
otevřený	...	(škola)	...	(jednání)
zavřený	...	(pošta)	...	(kino)
ukradený	...	(taška)	...	(auto)
pojištěný	...		...	
rezervovaný	...		...	
poškozený	...		...	
zaparkovaný	...		...	
zkažený	...		...	
zraněný	...		...	
zaplacený	...		...	

Im Tschechischen wird bei manchen Zeitwörtern statt des Passivs oft das sog. **„reflexive Passiv"** verwendet. Es besteht **aus der reflexiven Verbform in der 3.** Person Einzahl **oder Mehrzahl** (etwa ähnlich wie der deutsche Satz „Das Buch verkauft sich gut").

hraje se	(es wird gespielt)
říká se	(es wird gesagt)
vaří se	(es wird gekocht)
čeká se	(es wird gewartet)

REGEL FÜR DIE WORTFOLGE: Co se hraje? Dnes se hraje ... – Hraje se ...
(„se" steht nicht am Anfang)

Ü 4

Übersetzen Sie:

1. Heute wird auch Suppe gekocht. 2. Es wird gesagt, aber es stimmt nicht. 3. Auf der Bank wird Geld gewechselt. 4. Was wird heute im Theater gespielt? 5. Hier wird nicht geraucht. 6. Am Marktplatz wird nicht geparkt. 7. Am Sonntag wird nicht gearbeitet.

Ü 5

Wie kann man es noch ausdrücken?

1. Tady se nesmí parkovat.
a) Parkování je zakázáno.
b) Parkování se zakázáno.
c) Parkování je parkováno.

2. Rezervujeme pro vás stůl.
a) Stůl je rezerva.
b) Stůl je rezervován pro vás.
c) Stůl je rezervován.

3. Nikomu se nic nestalo.
a) Nikdo se nestal.
b) Nikdo se nebyl zraněn.
c) Nikdo nebyl zraněn.

4. V bance je zavřeno.
a) V bance není otevřeno.
b) V bance není zavřená.
c) Banka se zavírá.

BILDUNG DER ZUKUNFT DURCH VORSILBEN BEI MANCHEN VERBEN

Im Tschechischen kann die Zukunft genauso wie im Deutschen oft durch die Formen der Gegenwart ersetzt werden:
Zítra jedu do Prahy. Morgen fahre ich nach Prag.

Viele tschechische Verben bilden die Zukunft auch mit Hilfe von Vorsilben, die zum Zeitwort in der Gegenwartsform hinzugefügt werden.:

jedu	– **po**jedu	*(ich werde fahren)*
jedu	– **do**jedu	*(ich werde hinfahren)*
jedu	– **od**jedu	*(ich werde wegfahren)*
jedu	– **při**jedu	*(ich werde mit einem Verkehrsmittel kommen)*
jedu	– **vy**jedu	*(ich werde ausfahren)*
jdu	– **pů**jdu	*(ich werde gehen)*
jdu	– **vy**jdu	*(ich werde hinausgehen oder hinauskommen)*
jdu	– **při**jdu	*(ich werde zu Fuß kommen)*
jdu	– **ode**jdu	*(ich werde weggehen)*
volám	– **za**volám	*(ich werde (an)rufen)*

hlásím	– **na**hlásím	*(ich werde anmelden)*
dívám se	– **po**dívám se	*(ich werde mir anschauen)*
škodím	– **po**škodím	*(ich werde beschädigen)*
stavím	– **za**stavím	*(ich werde anhalten)*
ptám se	– **ze**ptám se	*(ich werde fragen)*

Jdu do školy. Přijdu do školy.
Ich gehe in die Schule. Ich komme in die Schule.

Píšu dopis. Napíšu dopis. (ich schreibe – ich werde schreiben)
Ptám se učitelky. Zeptám se učitelky.

Ergänzen Sie (in der Zukunft): **Ü 6**

1. Volám Petrovi. Zítra .... Petrovi. 2. Jedu domů. Brzo .... domů. 3. Auto jede z garáže. Auto .... z garáže. 4. Ptám se na cestu. .... na cestu. 5. Vidím nový dům. .... nový dům. 6. Volám policii. .... policii. 7. Jdu z domu. .... z domu ven. 8. Hlásím nehodu. .... nehodu policii. 9. Zítra jedu pryč. Zítra .... pryč. 10. Dívám se na knihu. .... se na knihu.

C: *KOMMUNIKATIVE ÜBUNGEN*

Bilden Sie Dialoge: **Ü 7**

Prosím vás,	autoservis	pojišťovna
potřeboval bych	doktora	tankovat
chtěl bych	kde je	nahlásit nehodu
mohl byste mi říct, ...	jestli tady je	hlídané parkoviště
zavolejte	pumpa	směnárna
kde je tady	odtahová služba	jak dlouho smím parkovat
kde se dá	záchranka	německé / rakouské / švýcarské
nevíte, ...	parkovat	vyslanectví

Ist das richtig? **Ü 8**

1. Pojedu raději pěšky.
2. Parkoviště je velký park.
3. Natural je tmavý cukr.
4. Obchod je otevřený nebo zavřený.
5. Obchod chodí každý den.
6. Nehodu nahlásí ten, kdo má pěkný hlas.
7. Zákaz je pro zákazníky.
8. Zákazník má zakázáno nakupovat.
9. Pokuta je příjemná.
10. Pojišťovna pojišťuje auta a domy.

Was gehört nicht dazu? **Ü 9**

1. autonehoda – policie – sanitka – letiště
2. pojišťovna – pokuta – peníze – pojistka
3. auto – spojka – karoserie – řidič
4. natural – pumpa – benzin – diesel
5. zákaz parkování – rychlá jízda – zákaz stání – hlavní silnice

Leichte Wörter – Auto und Verkehr **Ü 10**

1. auto – autobus – trolejbus – mikrobus – kamion (Container)
2. havárka – sanitka – doktor – rentgen
3. policie – autoservis – pumpa – taxi – garáž
4. fungovat – rezervovat – havarovat – pumpovat
5. rezerva (Benzin od. Reifen) – pneumatika – kanystr – blinkr – reflektor – hever

12. lekce

JEDNA FRÁZE DENNĚ

Pondělí: Kde je tady odtahová služba? (autoservis, policie, pojišťovna)?
Úterý: Smí se tady parkovat?
Středa: Je tady hlídané parkoviště?
Čtvrtek: Dnes je zavřeno. Zítra je otevřeno.
Pátek: Měl jsem nehodu (havárku).
Sobota: Mám poruchu na autě.
Neděle: Kdy to bude hotové?

autodílna, *w.*	Autowerkstatt
bude se to muset zaplatit	man wird das bezahlen müssen
co možná brzo	möglichst bald
číslo pojistky, *s.*	Versicherungsnummer
dojít pro, dojdu pro	holen
doklady, *Pl.*	Ausweis, Papiere
doprava, *w.*	Verkehr
havarijní pojištění, *s.*	KASKO – Versicherung
hlas, *m.*	Stimme
hlavní silnice, *w.*	Hauptstraße
hlídané parkoviště, *s.*	bewachter Parkplatz
jak se tam dostanu?	wie komme ich dorthin?
jednání, *s.*	Verhandlung, Handlung
její	ihr
jestli	ob, wenn
jinak	sonst
když	wenn
letiště, *s.*	Flughafen
manžel, muž, *m.*	Ehemann, Mann
myslet, myslím	denken
na místě	an Ort und Stelle
nahlásit	anmelden
nápis, *m.*	Anschrift
napřed	zuerst
nechci tomu věřit	ich will das nicht glauben
nejvíc	am meisten
někdo	jemand
obchodně	geschäftlich
obchodní partner, *m.*	Geschäftspartner
obraz, *m.*	Bild
odtahová služba, *w.*	Abschleppdienst
odtažení, *s.*	Abschleppen
odtažený	abgeschleppt
otevřít, otevřu	öffnen
parkování, *s.*	Parken
parkovat, parkuju	parken
pěkný	schön
podívat se, podívám se	schauen
pojďte dál	kommen Sie herein
pojistit, pojistím	versichern
pojišťovna, *w.*	Versicherungsanstalt

pokuta, *w.*	Strafe
pomoci, pomůžu	helfen
porucha, *w.*	Panne
poškodit, poškodím	beschädigen
poznávací značka, *w.*	Kennzeichen
přednost, *w.*	Vorfahrt
rakouský	österreichisch
rychlá jízda, *w.*	schnelle Fahrt
řídit auto, řídím	Auto fahren
sám, sama	allein, selbst
sanitka, *w.*	Rettungswagen
slíbit, slíbím	versprechen
směnárna, *w.*	Wechselstube
spojka, *w.*	Kupplung
srazit se, srazím se	zusammenstoßen
šlo by to?	würde es gehen?
to byste nenašel	das würden Sie nicht finden
to dělá	das macht
to se nevyplatí	das zahlt sich nicht aus
ukrást, ukradnu	stehlen
už nebudu stát	ich werde nicht mehr stehen
váš, vaše	euer / Ihr, eure / Ihre
ven	hinaus
venku	draußen
vůbec	gar nicht
vyplatit se, vyplatí se	sich auszahlen
záchranka, *w.*	Rettungsdienst
zákaz, *m.*	Verbot
zákaz stání, *m.*	Parkverbot
zakázáno	verboten
zákazník, *m.*	Kunde
zaplatit, zaplatím	bezahlen
zastavit, zastavím	anhalten
zavřít, zavřu	schließen
zkazit, zkazím	verderben
zkažený	verdorben
zraněný	verletzt
zranit, zraním	verletzen
ztratit se, ztratím se	verloren gehen
žádné dohady	keine Widerrede

BANKA, POŠTA, ÚŘADY

A: *LIEDER, TEXTE*

Otvírá se nová banka (Melodie wie „Dobrý večer", L. 2)

Pan Blanka: Otvírá se nová banka, jsem ředitel Viktor Blanka.
Povedeme vaše konto, zaplatíte – máte skonto.
Splníme vám každý sen, s námi jste vždy spokojen.
Poslouží vám vždycky rád náš peněžní automat.
Dostanete úroky a peníze do ruky.
Splníme vám každý sen, s námi jste vždy spokojen.

Pan Pachinger: Já jsem Klemens Pachinger, poradím vám dobře všem.
Jak peníze uložíte, jak je zase utratíte.
Splníme vám každý sen, s námi jste vždy spokojen.

Singen Sie noch einmal:

Otvírá se.......................... b ...., jsem ř..........................Viktor Blanka.
Povedeme..........................konto, ..., máte skonto.
.... vám každý ...., s námi jste vždy ....
Poslouží..........................vždycky ...., náš..........................automat.
Dostanete ...., a..........................do ruky, splníme..........................každý ...., s..........................jste..........................spokojen.
Já jsem Klemens Pachinger,..........................vám dobře všem.
Jak peníze ...., tak je zase ....,
splníme..........................každý ...., s..........................jste vždy..........................

13. lekce

ČÍM PLATÍME?

V České republice platíme v korunách. Jedna koruna má 100 haléřů.
Platí tyto mince a bankovky (in Klammern die Geldbezeichnungen, wie sie im Gespräch gebraucht werden):

mince:

10 haléřů	– desetník
20 haléřů	– dvacetník
50 haléřů	– padesátník
1 koruna	– koruna
2 koruny	– dvoukoruna
5 korun	– pětikoruna
10 korun	– desetikoruna
20 korun	– dvacetikoruna
50 korun	– padesátikoruna

bankovky:

20 korun	– dvacetikoruna
50 korun	– padesátikoruna
100 korun	– stokoruna
200 korun	– dvě stě korun
500 korun	– pětistovka
1 000 korun	– tisícovka
5 000 korun	– pět tisíc korun

(Stand 1994)

DIALOGE

NA HRANICI — CELNICE:

Celník: Dobrý den! Vyvážíte něco? Máte něco k proclení?
Manfred: Nemám nic.
Celník: A co ten pes? Máte potvrzení od veterináře?
Manfred: Tady je.
Celník: V pořádku. Děkuju a šťastnou cestu.

NA POŠTĚ:

Pan Vogel: Máte prosím vás telefonní seznam Prahy?
Úřednice: Tam vzadu na regále.
Pan Vogel: Ještě bych chtěl známky na pohled do Německa a do Rakouska.
Úřednice: Do Německa i do Rakouska je pětikorunová známka. Je to všechno?
Pan Vogel: Můžu si u vás koupit telefonní kartu?
Úřednice: Tady je. Tak to dělá dohromady 206 korun.

B: *GRAMMATIK, ÜBUNGEN*

ORDNUNGSZAHLEN

Ordnungszahlwörter werden im Tschechischen aus den Grundzahlen folgendermaßen gebildet:

1. jeden – **první**	11.	**jedenáctý**	30.	**třicátý**
2. dva – **druhý**	12.	**dvanáctý**	40.	**čtyřicátý**
3. tři – **třetí**	13.	**třináctý**	50.	**padesátý**
4. čtyři – **čtvrtý**	14.	**čtrnáctý**	60.	**šedesátý**
5. pět – **pátý**	15.	**patnáctý**	70.	**sedmdesátý**
6. šest – **šestý**	16.	**šestnáctý**	80.	**osmdesátý**
7. sedm – **sedmý**	17.	**sedmnáctý**	90.	**devadesátý**
8. osm – **osmý**	18.	**osmnáctý**	100.	**stý**
9. devět – **devátý**	19.	**devatenáctý**	101.	**sto první**
10. deset – **desátý**	20.	**dvacátý**	102.	**sto druhý ...**

Die Endung ist **-ý (Ausnahme: první, třetí)**.
Wenn die Zahl auf **-et** endet, ändert sich dies zu **-át**:
deset – desátý

Hohe Ordnungszahlen werden genauso wie die Grundzahlen zusammengesetzt: **sto dvacátý pátý.** Tschechische Ordnungszahlen stehen in derselben Stellung wie die Eigenschaftswörter, deshalb passen sie sich dem darauffolgenden Hauptwort im Geschlecht an:
druhý rok – druhá třída – druhé auto.
Die Ordnungszahlen **první a třetí** bleiben in allen Geschlechtern gleich (wie weiche Eigenschaftswörter, z.B. moderní).
„der letzte“ heißt **„poslední“.**

Lesen Sie die Zahlen: Ü 1

3. třída, 1. nástupiště, 1. cena, 3. místo, 5. pokus, 13. lekce

DATUM

Wiederholen Sie die Monatsnamen (L. 6.)

Das Datum wird mit Hilfe von Ordnungszahlen gebildet. Dabei steht die Ordnungszahl im 2. Fall Einzahl (s. Anhang Grammatik, Eigenschaftswörter).
Auch der Monatsname steht im 2. Fall. Das Datum besteht also aus:
Ordnungszahl im 2. Fall (-ého, außer 1., 3.) + **Monat** im 2. Fall

1. prvního	ledna	7. sedmého	července
2. druhého	února	8. osmého	srpna
3. třetího	března	9. devátého	září
4. čtvrtého	dubna	10. desátého	října
5. pátého	května	11. jedenáctého	listopadu
6. šestého	června	12. dvanáctého	prosince
24. dvacátého čtvrtého prosince			

Lesen Sie die Daten: Ü 2

23. 1.	15. 8. 1946	5. 5. 1958
5. 12.	17. 11. 1989	19. 8. 1943
9. 8.	6. 10. 1936	12. 6. 1991
21. 9.	31. 12. 1956	27. 10. 1971
21. 11.	24. 12. 1987	
18. 12. 1971	19. 10. 1968	

13. lekce

KDY JSTE SE NARODIL?
WANN SIND SIE GEBOREN?

Kdy ses narodil / a? (du) Kdy jste se narodil? (Sie)
Narodil / a jsem se 18. prosince 1971 (osmnáctého prosince devatenáct set sedmdesát jedna. Mám narozeniny 18. prosince.
Kdy jste se narodil vy? Kdy se narodila vaše matka, otec, manželka, dcera, syn, dědeček, babička, přítel ...

KOLIK JE VÁM LET? WIE ALT SIND SIE?
KOLIK JE TI LET? WIE ALT BIST DU?

Wörtlich: *** Wieviel ist Ihnen Jahre?**
*** Wieviel ist dir Jahre?**
Antwort: **Je mi 30 let.**
A pan Schwarz? Kolik je mu let? Je mu 43 let.
A Dáša? Kolik je jí let? Je jí 15 let.
A děti? Kolik je jim let? Je jim 13 let.

(Anmerkung: 1 rok, 2 roky, 3 roky, 4 roky, 5 und weiter: let)

KOLIK JE TO LET? WIEVIELE JAHRE SIND DAS?

Je to deset let. Bylo to dvacet let.
Es sind zehn Jahre. Es waren zwanzig Jahre.

Ü 3

Antworten Sie:

Kolik je vám let? 2. Bylo to v roce 1956. Kolik je to let? 2. Eva se narodila 1971. Kolik je jí let? 4. 1968 bylo Pražské jaro. Kolik je to let? 5. Václav Havel se narodil 1936. Kolik je mu let?

BESITZANZEIGENDE FÜRWÖRTER

Einzahl:

1. můj computer,	moje kazeta,	moje auto	(mein, meine, mein)
2. tvůj computer,	tvoje kazeta,	tvoje auto	(dein, deine, dein)
3. jeho computer,	jeho kazeta,	jeho auto	(sein, seine, sein)
její computer,	její kazeta,	její auto	(ihr, ihre, ihr)

Mehrzahl:

1. náš computer,	naše kazeta,	naše auto	(unser, unsere, unser)
2. váš computer,	vaše kazeta,	vaše / Vaše auto	(euer, eure, eurer; Ihr, Ihre, Ihr)
3. jejich computer,	jejich kazeta,	jejich auto	(ihr, ihre, ihr)

jeho a **jejich** werden nicht dekliniert, **její** wird wie „moderní" (weiche Eigenschaftswörter) dekliniert. Die Deklination der besitzanzeigenden Fürworter ist im Grammatikanhang.
Sie kommen noch mit den Grundformen aus, weitere Formen finden Sie in manchen Liedern oder Texten *(a vaše jméno? zdraví vás všechny vaše Jana, nedejte na mou ženu, vaše doklady, vaše konto)*.

Ü 4

Sagen Sie, wem was gehört:

1. Pan Vaněk má auto. To je .... auto.
2. Paní Voříšková má dítě. To je .... dítě.
3. Radko má kytaru. To je .... kytara.
4. Mám sestru. To je .... sestra.
5. Kupuješ dort. To je .... dort.
6. Vidím krásný dům. Je to (euer) .... dům?

7. Tady jsou nějaké věci. Jsou to (ihre) .... věci.
8. Jdeme do školy. To je .... škola.
9. Máte v bance konto. Je to .... konto.
10. Tady je káva. Je to .... (ihr) káva.

Kdo je kdo?

Ü 5

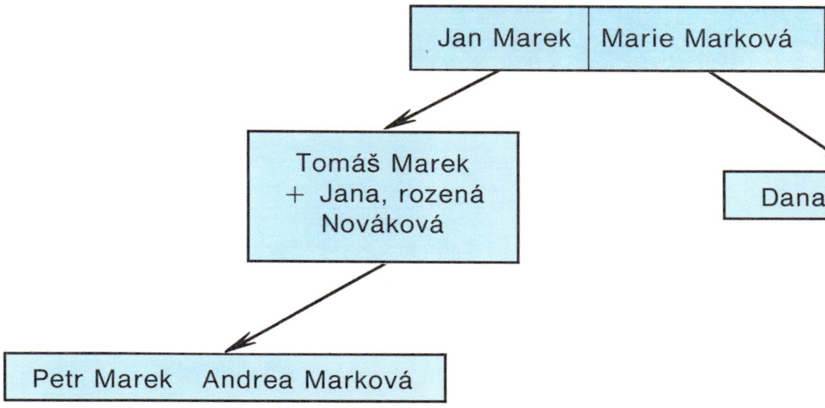

otec / tatínek, matka / maminka
muž / manžel, žena / manželka
bratr, sestra, syn, dcera,
dědeček, babička
vnuk, vnučka

Beispiel: To je Tomáš Marek. Jan Marek je jeho tatínek. Jana Marková je jeho žena. Andrea Marková ...

Was gehört zusammen?

Ü 6

moje	dům	můj	kniha	vaše	fax
tvůj	sestra	tvoje	bratr	naše	lampa
jeho	děti	naše	computer	jejich	firma
jejich	telefon	její	rodina	jeho	karta
náš	auto	váš	babička	její	banka

Ergänzen Sie „jeho / jejich“:

Ü 7

(**jeho** und **jejich** werden nicht dekliniert)

1. To je .... bratr. 2. Jdu s .... bratrem do kina. 3. Máte .... číslo? 4. Jedeme .... autem. 5. Jdeme k .... domu. 6. To je .... návrh. 7. Zeptáme se .... dcery. 8. Sport je .... hobby. 9. Nech to, to je ....! 10. Dejte mi .... pas.

C: *KOMMUNIKATIVE ÜBUNGEN*

Ü 8

Leichte Wörter:
Was gehört nicht dazu?

banka – konto – bankomat – karta – fax – kredit – skonto
kuponová privatizace – kód – kurz – dolar – šek – akcie
expres – telefon – rekomando – telegram – peníze – adresa

Ü 9

KURZOVNÍ LÍSTEK

Vergleichen Sie die Währungen und fragen Sie: Kolik korun je jedna marka? Kolik korun je jeden frank? Kolik korun je ....?

K U R S Y   D E V I Z O V E H O   T R H U

Porad.cis: 69 — Plati od:08.04.1994

			DEVIZY			VALUTY		
zeme	mnozstvi	kod	nakup	prodej	stred	nakup	prodej	stred
Australie	1	AUD	21.015	21.227	21.121	20.05	22.19	21.12
Belgie	100	BEF	83.982	84.826	84.404	81.70	87.10	84.40
Britanie	1	GBP	43.557	43.995	43.776	42.36	45.20	43.78
Dansko	1	DKK	4.424	4.468	4.446	4.25	4.65	4.45
Finsko	1	FIM	5.363	5.417	5.390	4.89	5.89	5.39
Francie	1	FRF	5.057	5.107	5.082	4.88	5.28	5.08
Irsko	1	IEP	41.848	42.268	42.058	40.06	44.06	42.06
Italie	1000	ITL	17.991	18.171	18.081	17.31	18.85	18.08
Japonsko	100	JPY	28.387	28.673	28.530	27.23	29.83	28.53
Kanada	1	CAD	21.392	21.608	21.500	20.61	22.39	21.50
Lucembursko	100	LUF	83.982	84.826	84.404	81.40	87.40	84.40
Nizozemi	1	NLG	15.429	15.585	15.507	15.03	15.99	15.51
Norsko	1	NOK	3.995	4.035	4.015	3.87	4.17	4.02
Novy Zeland	1	NZD	16.787	16.955	16.871	16.12	17.62	16.87
Portugalsko	100	PTE	17.144	17.316	17.230	16.05	18.41	17.23
Rakousko	1	ATS	2.463	2.487	2.475	2.42	2.54	2.48
Recko	100	GRD	11.799	11.917	11.858	11.15	12.57	11.86
SRN	1	DEM	17.320	17.494	17.407	16.95	17.87	17.41
Spanelsko	100	ESP	21.384	21.598	21.491	20.49	22.49	21.49
Svedsko	1	SEK	3.750	3.788	3.769	3.61	3.93	3.77
Svycarsko	1	CHF	20.481	20.687	20.584	20.08	21.08	20.58
USA	1	USD	29.616	29.914	29.765	29.07	30.47	29.77
EMS-ECU	1	XEU	33.481	33.817	33.649	--	--	--
MMF-ZPC-SDR	1	XDR	41.346	41.762	41.554	--	--	--
Slovensko	1	XCU	--	--	33.649	--	--	--

CESKA NARODNI BANKA

Ü 10

Ist das richtig?

1. *W. A. Mozart:*	Leopold Mozart byl jeho bratr.
2. *Franz Josef Strauß:*	Johann Strauß byl jeho otec.
3. *J. W. Goethe:*	Ulrike byla jeho žena.
4. *Sophia Loren:*	Carlo Ponti byl její muž.
5. *Jacqueline Kennedy:*	Robert Kennedy byl její muž.
6. *Karel Čapek:*	Josef Čapek byl jeho syn.
7. *T. G. Masaryk:*	Jan Masaryk byl jeho bratr.
8. *Clara Schumann:*	Robert Schumann byl její syn.
9. *Josef II.* (druhý):	Maria Theresia byla jeho matka.
10. *Thomas Mann:*	Heinrich Mann byl jeho otec.

Ü 11

Ordnen Sie die Ereignisse den richtigen Daten zu:

Lesen Sie auch das Datum!

3. října 1990	sjednocení Německa
17. listopadu 1989	vznik České republiky
28. října 1918	neutralita Rakouska
1. ledna 1993	vznik Československa
26. října 1955	revoluce v Československu

Ü 12

Sagen Sie, wem was gehört: To je pan Lachinger. Auto je jeho.

Radko	Jana	Petr a Pavel	my	vy, Vy	já	ty
kytara	pas	pes	dům	děti	šek	kniha

Füllen Sie das Formular aus:

Ü 13

Příjmení (vypište hůlk. písmem)	rodné číslo
Jméno	narozen(a) den měsíc rok
Rozený(á)	voják nevoják*)

Vyplní občan

Údaje o místu nového trvalého pobytu

Obec	
Část obce	č. p. (ev.)*
Ulice	č. or.

Údaje o předešlém místu trvalého pobytu

Název OÚ
Okres
Podpis osoby, …

Schreiben Sie in Punkten ihren kurzen Lebenslauf:

Ü 14

(Er sollte folgende Punkte enthalten:

datum a místo narození
rodiče, manželka
vzdělání
zaměstnání (kdy, kde, kdy, jako...)

Sprechen Sie:

(folgende Wörter und Wendungen können Sie gebrauchen):

Ü 15

Chtěl bych ...	v osm hodin
Máte prosím vás ...	mám jen stokorunu
Jaké má číslo ...	3 koruny
Kdy má otevřeno ...	loni
Můžete mi vyměnit ...	tady, prosím
Jakou známku potřebuju ...	poslat expres dopis
Kdy to bylo?	tam je telefonní seznam

Situationen:

1. Fragen Sie auf der Post, ob Sie einen Brief schicken / telefonieren / Briefmarken kaufen können.
2. Fragen Sie, wann ein Geschäft offen ist.
3. Fragen Sie, welche Briefmarke Sie brauchen.
4. ...

JEDNA FRÁZE DENNĚ

Pondělí: Můžete mi vyměnit 100 marek za koruny?
Úterý: Kde je tady bankomat?
Středa: Všechno nejlepší k narozeninám.
Čtvrtek: Můžu platit kartou / šekem?
Pátek: Chtěl bych poslat telegram / fax / expres dopis.
Sobota: Narodil jsem se v Praze v roce 1961.
Neděle: Je mi 30 let.

13. lekce

babička, *w.*	Großmutter
bankovka, *w.*	Banknote
bratr, *m.*	Bruder
celnice, *w.*	Zollamt
čím (7. F. von co)	womit
dcera, *w.*	Tochter
dědeček, *m.*	Großvater
kdy jste se narodil?	wann sind Sie geboren?
kolik je Vám let?	wie alt sind Sie?
manželka, žena, *w.*	Ehefrau, Frau
matka, maminka, *w.*	Mutter
mince, *w.*	Münze
místo, *s.*	Platz
místo narození, *s.*	Geburtsort
nástupiště, *s.*	Bahnsteig
nech to!	laß das!
otec, tatínek, *m.*	Vater
peněžní automat, *w.*	Geldautomat Bankomat
pohled, *w.*	Ansichtskarte
pokus, *m.*	Versuch
poradit, poradím	beraten
posloužit, posloužím	bedienen
potvrzení, *s.*	Bestätigung
povedeme Vaše konto	wir ühren Ihr Konto
proclení, *s.*	das Verzollen
rodiče, *Pl.*	Eltern
rodina, *w.*	Familie
s námi	mit uns
sestra, *w.*	Schwester
syn, *w.*	Sohn
šťastnou cestu	glückliche Reise
telefonní karta, *w.*	Telefonkarte
telefonní seznam, *m.*	Telefonbuch
třída, *w.*	Klasse
uložit, uložím	einlegen
úroky, *Pl.*	Zinsen
utratit peníze	Geld loswerden
v pořádku	in Ordnung
vnučka, *w.*	Enkeltochter
vnuk, *m.*	Enkelsohn
všechno nejlepší	alles Gute
všem	allen (wem?)
vyměnit, vyměním	umtauschen, wechseln
vyvážet, vyvážím	ausführen
vzdělání, *s.*	Ausbildung
zaměstnání, *s.*	Beruf
známka, *w.*	Briefmarke

ČESKÁ REPUBLIKA

A: *LIEDER, TEXTE*

Na česko-slovenském rozvodu

(M. Paleček – M. Janík)

SINGEN SIE NACH DER KASSETTE!

Češi jsou hloupí, ti nemaj' cit,
ti nedokážou tě pochopit,
a z vážný věci udělaj' vtip,
uvidíš, bez nich bude ti líp.

Die Tschechen sind dumm, ohne Gefühl
gar nicht imstande, dich zu verstehen,
und keine Sache nehmen sie ernst,
wenn du sie loswirst, dann lebst du erst.

Sbohem Slovensko, bude ti líp,
máš Velký Tatry, my malej Říp,
ty míříš vzhůru, jak rychlej šíp.
Sbohem, Slovensko, bude ti líp.

Adieu Slovensko, du bist mir lieb,
hast Hohe Tatra, wir kleinen Říp,
wir sind ein Karren, du schneller Jeep,
Adieu Slovensko, du bist mir lieb.

Za malou chvíli už nebudem,
stanem se pouhým zlým přeludem,
zmiznem jak vajgl, co někdo típ',
sbohem Slovensko, bude ti líp.

Nach einer Weile, sind wir im Grab,
keiner wird wissen, daß es uns gab,
verschwunden sind wir, wie Sand am Meer.
Adieu Slovensko, ich grüß dich sehr.

Jen žádnou lítost, jen žádnou zášť,
Evropu každý dobydem zvlášť.
Naposledy mě ještě polib!
Sbohem, Slovensko, bude ti líp.

Nur keine Tränen, nur keinen Neid,
wir gehen getrennt, fast ohne Streit
geh'n nach Europa, der Weg ist weit,
Adieu Slovensko, es tut mit leid.

ANMERKUNGEN ZU DEM LIED:

Dieses ironische Lied entstand als Reaktion auf die Teilung der Tschechoslowakei (ab 1. 1. 1993 in Kraft). Der Říp ist ein mit Traditionen verbundener Berg in der Nähe von Roudnice an der Elbe. Nach einer Sage kam der Urvater Čech mit seiner Sippe auf diesen Berg, und als er die schöne Landschaft rundum sah, beschloß er, hier zu bleiben. Nach diesem Čech heißt das Land Čechy. Bei diesem Lied gibt es eine freie deutsche Übersetzung, weil der Text noch relativ schwierig ist. Sie werden ihn jedoch mit Hilfe des Lehrers sicher übersetzen können.

ČESKÁ REPUBLIKA – DĚJINY

1918 – vzniká Československá republika (Čechy, Morava, Slovensko a Zakarpatská Ukrajina). V Československu žijí Češi, Slováci, Němci, Ukrajinci, Maďaři a další národy. V Čechách a na Moravě se mluví česky, na Slovensku slovensky, na Ukrajině ukrajinsky. Prezidentem je T. G. Masaryk.

1939 – 1945 druhá světová válka. Čechy a Morava jsou „Protektorat Böhmen und Mähren", Slovensko má samostatný Slovenský stát.

1945 – nová Československá republika (Čechy, Morava, Slovensko). Zakarpatská Ukrajina patří k Sovětskému svazu.

1948 – komunistický puč. Československo je komunistický stát.

1968 – Pražské jaro. Pokus o reformu komunismu. Dubčekova vláda. 21. srpna 1968 okupují komunistické státy Československo.

1989 – 17. listopadu „sametová revoluce" v Československu. Konec komunismu. Prezident je Václav Havel.

1990 – 1992 Václav Klaus prosazuje ekonomickou reformu a tržní hospodářství. Ekonomická situace v Československu je komplikovaná. Slovensko chce samostatný stát.

1993 – Československo se dělí. Od 1. ledna 1993 existuje Česká republika (Čechy a Morava) a Slovenská republika. Prezidentem je Václav Havel.

14. lekce

ČESKÁ REPUBLIKA – ZEMĚPIS

Česká republika leží v centru Evropy. Má 78 900 km čtverečních a 10,5 milionu obyvatel. Tvoří ji **Čechy a Morava**. Mluví se česky. Hlavní pohoří jsou: **Krkonoše, Krušné hory, Šumava, Jizerské hory** a **Orlické hory**. Nejvyšší hora je **Sněžka** v **Krkonoších** (1604 m).
Největší řeky se jmenují: **Vltava, Labe a Odra**.

Česká republika má hodně krásných hradů a zámků. Jsou to například **Konopiště, Hluboká nad Vltavou, Karlštejn, Vranov nad Dyjí, Orlík, Znojmo, Mikulov** a další.

Hlavní město České republiky je **Praha**, největší město Moravy je **Brno**. Další známá města jsou například:

Plzeň	(pivo, strojírenský průmysl)
České Budějovice	(pivo, strojírenský průmysl)
Liberec	(textilní průmysl)
Hradec Králové	(strojírenský průmysl)
Pardubice	(potravinářský průmysl)
Karlovy Vary	(lázně)
Mariánské Lázně	(lázně)
Františkovy Lázně	(lázně)
Ostrava	(těžký průmysl)
Olomouc	(strojírenský a potravinářský průmysl)
Zlín	(lehký průmysl – boty)

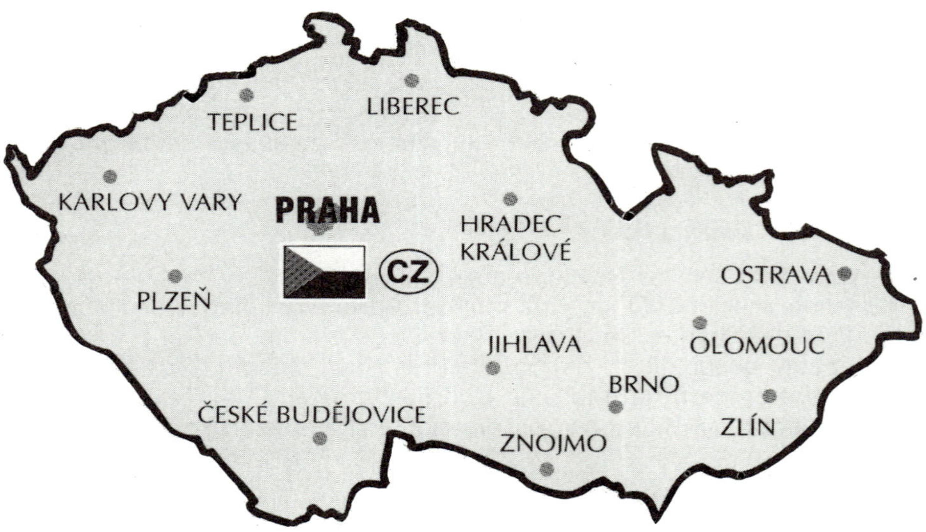

DIALOGE:

● *Mirek:* Kam pojedete letos na dovolenou?
Petr: Chtěli bychom jet do západních Čech. Ještě jsme nebyli v Karlových Varech a v Mariánských Lázních.
Mirek: Kde budete bydlet?
Petr: Máme ve Františkových Lázních známé, budeme bydlet u nich.

● *Pan Miller:* Jak je to vlastně s vaší atomovou elektrárnou?
Pan Tesař: To je těžké. Potřebujeme energii a kde ji máme vzít?
Pan Miller: Proč nevyužíváte vodní energii?
Pan Tesař: Protože už žádnou nemáme. Nám se Temelín taky nelíbí, ale asi jiná možnost nebude.

SAGEN SIE IHRE MEINUNG DAZU!

B: *GRAMMATIK, ÜBUNGEN*

UNVOLLENDETE ZUKUNFT

In der Lektion 12. haben Sie gelernt, wie man von manchen Zeitwörtern die Zukunft mit Hilfe von Präfixen (= Vorsilben) bilden kann **(jedu – pojedu, píšu – napíšu ...)**

Dies ist nicht bei allen Zeitwörtern möglich. Bei manchen Verben bildet man eine zusammengesetzte Zukunft ähnlich wie im Deutschen **(Hilfsverb + Nennform)**

budu	**pracovat**
ich werde	arbeiten

„budu" ist die Zukunft von „být = sein", es hat jedoch die Bedeutung von „ich werde ..."

Zukunft des Hilfsverbs „být" + Nennform (Infinitiv)

1.	(já)	bud**u**	pracovat	(my)	bud**eme**	pracovat
2.	(ty)	bud**eš**	pracovat	(vy)	bud**ete**	pracovat
3.	(on, ona)	bud**e**	pracovat	(oni)	bud**ou**	pracovat

1. Die unvollendete Zukunft bildet man nur bei solchen Verben, die ein **unvollendetes Geschehen, Verlauf** oder eine unvollendete Tätigkeit ausdrücken **(jím – budu jíst; piju – budu pít)**.
2. Die **Negation** ist **„nebudu, nebudeš ..."**
3. Bei **reflexiven** Verben steht **„se"** oder **„si"** gleich nach **„budu": budu se učit, budu se dívat.**
4. Bei manchen Verben ist beides möglich: **„budu dělat"** oder **„udělám". Der Unterschied:**

budu dělat (eine bestimmte Zeit lang)
udělám (ich mache das und fertig)

5. **„budu"** steht auch (ähnlich wie im Deutschen „werden"):

in anderen Verbindungen:

Budu inženýrem. Ich werde Ingenieur. (7. Fall)
Budu rád. Ich werde froh sein.
Budu nemocný. Ich werde krank sein.

6. Die Zukunft bedeutet manchmal eine **Aufforderung** oder eine **höfliche Frage** (etwa: wollen Sie ..., möchten Sie ...?):
Budete kouřit? Budete platit? *Möchten Sie rauchen, zahlen?*

Sagen Sie in der Zukunft (budu): Ü 1

1. Pane vrchní, (obědvat)! 2. Zítra už to (vím). 3. (máš) čas? 4. (Dělám) zkoušku. 5. Zítra (učím se). 6. Maminka (vaří). 7. (Čekáme) na tebe. 8. Eva (studuje) germanistiku. 9. Kdy (máte) dovolenou? 10. (Pijeme) červené víno. 11. (Večeříme) v sedm hodin. 12. Co (děláte)? 13. (Dívám se) na televizi. 14. (Kouříte)? 15. (Platíte)? 16. (Obědváte)?

Sagen Sie in der Zukunft: Ü 2

1. Jsem nemocný. 2. Petr je velký. 3. Jsme rádi, že přijdete. 4. Marie je učitelkou. 5. Věřím, že jste spokojený. 6. Jistě jste zase zdravý.

TSCHECHISCHE STÄDTENAMEN

Einfache Städtenamen waren schon in der 1. Lektion. Viele tschechische Städtenamen bestehen aus zwei Wörtern. Ihre Deklination ist eigentlich die eines Hauptworts mit einem Attribut: (**Česká Lípa** wie mladá žena).

14. lekce

Horšovský Týn	– v **Horšovském Týně**	– do **Horšovského Týna**
Hradec Králové	– v **Hradci Králové**	– do **Hradce Králové**
Česká Lípa	– v **České Lípě**	– do **České Lípy**

Viele der aus zwei Teilen bestehenden Städtenamen stehen in der Mehrzahl. Hier die bekanntesten:

České Budějovice	– v **Českých Budějovicích**	– do **Českých Budějovic**
Karlovy Vary	– v **Karlových Varech**	– do **Karlových Varů**
Mariánské Lázně	– v **Mariánských Lázních**	– do **Mariánských Lázní**
Františkovy Lázně	– ve **Františkových Lázních**	– do **Františkových Lázní**

Manche Städtenamen sind mit dem Namen eines Flusses verbunden; dieser Flußname bleibt unverändert:

Ústí nad Labem	– v **Ústí nad Labem**	– do **Ústí nad Labem**
Hluboká nad Vltavou	– v **Hluboké nad Vltavou**	– do **Hluboké nad Vltavou**
Vranov nad Dyjí	– ve **Vranově nad Dyjí**	– do **Vranova nad Dyjí**

ANMERKUNG:

Im Interesse der Sprachökonomie wird manchmal ein Teil des Städtenamens weggelassen: es ist entweder **der Fluß** (nad Labem) oder **der erste Teil** des Städtenamens: **v Budějovicích, v Ústí.** Bei den Kurorten wird das Attribut nicht weggelassen.

Ü 3

Ergänzen Sie die Richtige Form:

1. Zítra jedu do (České Budějovice). 2. Už jste byli v (Karlovy Vary) a (Mariánské Lázně)? 3. Monika bydlí v (Ústí nad Labem). 4. Do (Česká Lípa) je to hodně daleko. 5. V (Hluboká nad Vltavou) je krásný zámek. 6. Farmaceutická fakulta je v (Hradec Králové).

WINDRICHTUNGEN:

sever	– jih	– východ	– západ
severní	– jižní	– východní	– západní

WO? v jižních, západních, severních, východních Čechách
WOHIN? do jižních, severních, východních, západních Čech

Ü 4

Finden Sie die genannten Städte auf der Landkarte. Wo sind sie?

Beispiel: *Karlovy Vary jsou v západních Čechách.*

C: *KOMMUNIKATIVE ÜBUNGEN*

Ist das richtig? Ü 5

1. Česká republika je menší než Německo.
2. V Čechách se mluví česky, na Moravě moravsky.
3. Karlovy Vary jsou známé lázně.
4. Becherovka je město v Čechách.
5. V Hluboké nad Vltavou je krásný zámek.
6. Orlík patří Karlu Schwarzenbergovi.
7. Česká republika má dost vodní energie.
8. Česká republika jsou Čechy a Morava.
9. V roce 1948 byl komunistický puč.
10. Pražské jaro bylo v roce 1969.
11. Čechy mají jméno po praotci (Urvater) Čechovi.
12. Československo existovalo do roku 1991.
13. Sametová revoluce byla 1989.
14. V Ústí nad Labem bude atomová elektrárna.
15. T. G. Masaryk byl prezident a filozof.

Was gehört nicht dazu? Ü 6

1. Karlovy Vary – Mariánské Lázně – Františkovy Lázně – Plzeň
2. Karlštejn – Horšovský Týn – Hluboká nad Vltavou – Konopiště
3. Plzeň – Ostrava – České Budějovice – Karlovy Vary
4. Československo – Česká republika – Čechy – Morava
5. Labe – Dunaj – Vltava – Odra

Variieren Sie: Personen – Ort – Zeit Ü 7

● **A:** Jede Jana do Ústí nad Labem?
B: Ne, do Karlových Varů.
A: Kdy?
A: Pozítří.

Sagen Sie, was Sie über Tschechien wissen! Ü 8

a) geographisch
b) historisch
c) sonstiges

JEDNA FRÁZE DENNĚ

Pondělí: Zítra ti bude líp.
Úterý: Světové strany jsou: sever, jih, východ, západ.
Středa: Jedu do Českých Budějovic a do Karlových Varů.
Čtvrtek: Budete platit?
Pátek: Budu rád, když přijdete.
Sobota: Zítra budeme vědět víc.
Neděle: V Karlových Varech máme známé.

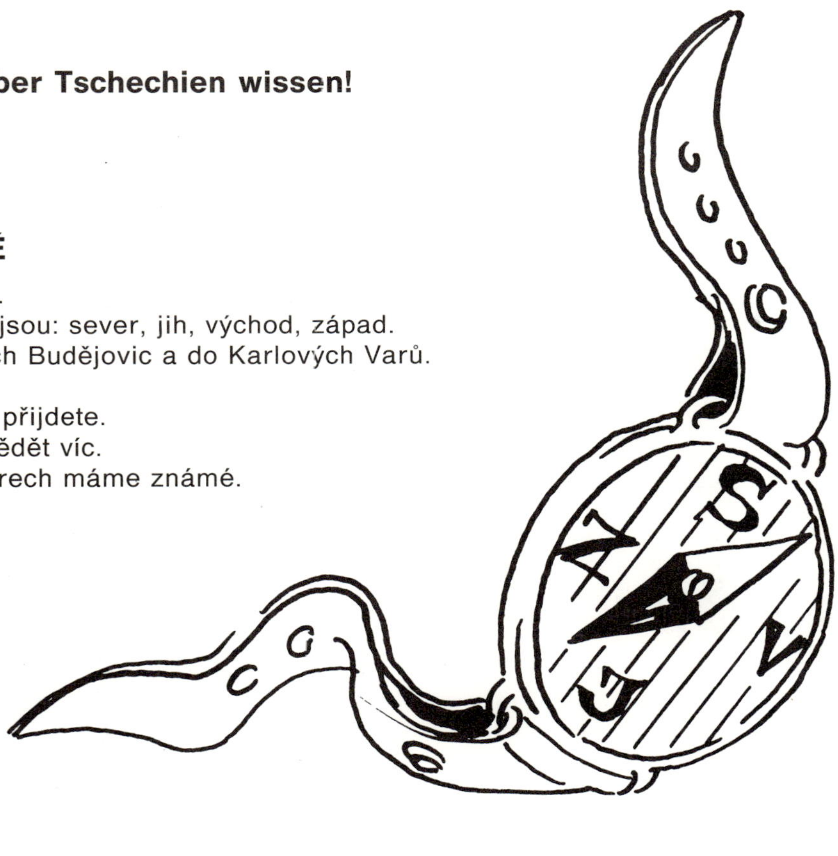

14. lekce

atomová elektrárna, *w.*	Atomkraftwerk	přelud, *m.*	Illusion
boty, *Pl.*	Schuhe	rozvod, *m.*	Scheidung
další	weitere	sametová revoluce, *w.*	samtene Revolution
dějiny, *Pl.*	Geschichte	samostatný	selbstädig
dělit, dělím	teilen	sbohem	lebe wohl
divit se, divím se	sich wundern	sever, severní, *m.*	Nord, nördlich
dost	genug	stát, *m.*	Staat
druhá světová válka, *w.*	der 2. Weltkrieg	strojírenský	Maschinen–
hora, *w.*	Berg	světové strany, *Pl.*	Himmelsrichtungen
hrad, *m.*	Burg	šíp, *m.*	Pfeil
jih, jižní, *m.*	Süd, südlich	tržní hospodářství, *s.*	Marktwirtschaft
kilometr čtvereční, *m.*	Quadratkilometer	tvořit, tvoří	bilden
kouřit, kouřím	rauchen	v provozu	in Betrieb
lázně, *Pl.*	Bad, Kurort	vajgl (ugs.), *m.*	Tschik (ugs.)
lehký	leicht	vážný	ernst
letos	dieses Jahr	vlajka, *w.*	Flagge
líp, lépe	besser	vlastně	eigentlich
lítost, *w.*	Reue	vtip, *m.*	Witz
mířit, míříš	zielen	východ, východní, *m.*	Ost, östlich
možnost, *w.*	Möglichkeit	využívat, využívám	ausnutzen
naposledy	zum letzten Mal	vzhůru	hinauf
například	zum Beispiel	vznikat, vzniká	entstehen
národ, *m.*	Nation, Volk	zámek, *m.*	Schloß
patřit, patřím	gehören	západ, západní, *m.*	West, westlich
pohoří, *s.*	Gebirge	zášť, *w.*	Neid
pouhý	bloßer	zeměpis, *m.*	Geographie
prosazovat, prosazuju	durchsetzen	zkouška, *w.*	Prüfung
průmysl, *m.*	Industrie	zlý	böse

15. lekce

ŠVEJK ŽIJE

A: *LIEDER, TEXTE*

VÁCLAV HAVEL: KÓDY A ANTIKÓDY

```
      S           S
      V           V
  S V O B O D A S V O B O D A
      B           B
      O           O
      D           D
      A           A
```

S l i b u j e m e ,
ž e   u ž   n e b u d e m e
b l b n o u t

....
Jan Hus Josef Švejk

(*Aus dem Buch:* Antikódy, Odeon Praha 1994, S. 43, 83)

Anmerkung:
Jan Hus – der große Reformator der Kirche im 15. Jahrhundert, Vater der hussitischen Bewegung, Vorgänger von Martin Luther.
Josef Švejk – die Hauptgestalt des Romans von Jaroslav Hašek, die nationale Figur des tschechischen Volkes

OBCHOD PANA PASTRŇÁKA

Kde má pan Pastrňák svůj obchod? V Praze? V Plzni? V Brně?
Ne, vůbec ne. Jeho obchod je ve Vídni, Lindengasse 5.
Obchod pana Pastrňáka nemá luxusní výlohy ani neonovou reklamu. Je to jako krám ze starých časů, kam si můžete přijít jen povídat. Najdete tady literaturu starou i novou, klasickou i moderní, odbornou literaturu, slovníky, jazykové učebnice a gramofonové nebo CD desky s českou hudbou. Knihy jsou česky nebo v překladu do němčiny. Je tady i to, co v Čechách ještě nevyšlo, hlavně z let 1970–1989. Najdete tady knihy Václava Havla, Pavla Kohouta, Ludvíka Vaculíka a dalších „disidentů", ale také třeba Švejka od Jaroslava Haška. Každou chvíli někdo přijde koupit knížku, podívat se nebo si povídat s panem Pastrňákem, který je majitel, vydavatel a prodavač v jedné osobě. Žije ve Vídni už patnáct let. Nejdřív k němu chodili hlavně emigranti a kupovali u něj české knihy. Po revoluci se pan Pastrňák specializuje na knihy českých autorů v němčině. Obchod v Lindengasse je české centrum ve Vídni. Chodí sem Češi, kteří žijí v Rakousku, a Rakušani, kteří se zajímají o Čechy a českou literaturu.

15. lekce

JAK JSME DĚLALI „ČEŠTINA JINAK“

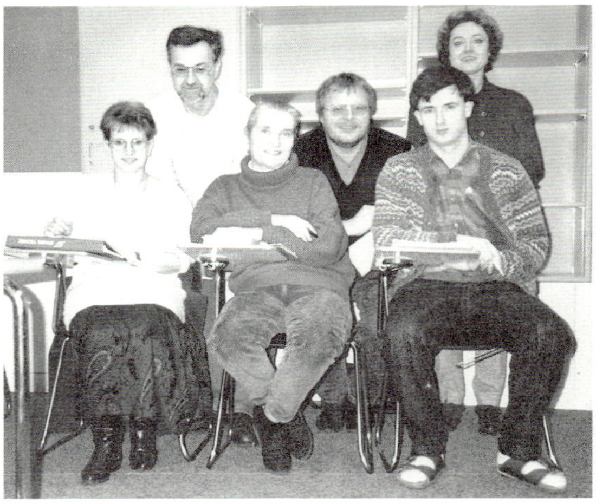

1. Nejdříve jsme měli kurs češtiny v Linci. Učili jsme se podle písní, které máte ve vaší knize. Potom přišlo nakladatelství TINA Vimperk s nabídkou, že vydá učebnici češtiny pro cizince.

2. Autorka připravovala knihu, dělala texty, nové písně a cvičení. Všechno jsme vždycky vyzkoušeli v kursu a často jsme opravovali.

3. Potom jsme se radili v nakladatelství TINA Vimperk, jak knihu uděláme, jaký bude mít formát, jakou obálku a jak ji budeme prodávat. Nakladatelství udělalo pro knihu reklamu. Vy už jste se s firmou TINA a s paní Bečvářovou v knize setkali

4. Tiskárna vysadila text, autorka udělala korektury a udělali jsme maketu.

5. Ilustrátor Zdeněk Pták nakreslil obrázky a udělal grafickou úpravu. Na každém obrázku se nakreslil. Poznáte ho?

6. Když byl text a ilustrace hotové, znovu jsme se sešli a udělali poslední opravy.

7. Tiskárna vytiskla text a učebnici zpracovala.

8. V Českých Budějovicích jsme nahráli kazetu k učebnici. Na kytaru vám hraje Radko Chodura, zpívají studenti a učitelé Pedagogické fakulty.

9. Nakladatelství TINA Vimperk vydalo knihu „Čeština jinak“. Prodává se v České republice a v německy mluvících zemích.

10. Vy jste si knihu koupili a učili jste se podle ní. Doufáme, že vám učení se zpíváním udělalo alespoň trochu radost. Jestli jste došli až sem, umíte už docela dobře česky. Z toho máme radost i my: autorka, ilustrátor, nakladatelství a všichni, kdo pro vás učebnici dělali. Pokud máte ke knize připomínky, napište nám na adresu nakladatelství.

B: *GRAMMATIK, ÜBUNGEN*

POSSESSIVADJETIVA

(besitzanzeigende Eigenschaftswörter)

Die Possessivadjektiva drücken ein Besitzverhältnis aus. Sie kommen im Tschechischen sehr oft vor. Sie werden von den Personenbezeichnungen und von den männlichen Vor- und Familiennamen gebildet. Oft werden sie als Bezeichnungen der Straßen und Ortschaften gebraucht *(Karlův most, Smetanova ulice)*.

VON DEM MÄNNLICHEN HAUPTWÖRTERN

werden die Possessivadjektiva mit folgenden Endungen gebildet:

M		W		S	
bratr**ův**	syn	bratr**ova**	žena	bratr**ovo**	dítě
Karl**ův**	most	Karl**ova**	žena	Karl**ovo**	dítě

ANMERKUNG: Karlův most = Karlsbrücke
Karlova žena = Karls Frau
Nováková = Novákova žena = Nováks Frau

Bei den männlichen auf **-a** fällt dies weg: *Jarda – Jardův*
Bei den Namen auf **-ek** fällt das -e weg: *Marek – Markův*

Bilden Sie Possessivadjektiva:

Ü 1

Petr, Smetana, Dvořák, Havel, Marek, bratr, kamarád, turista, Jarda, Hašek, Čapek, Radek, Jirka, Pepa, Karel

Verbinden Sie:

Ü 2

Karel – most; Smetana – divadlo; Čapek – drama; Neruda – ulice; Petr – kniha; Wilson – nádraží; Masaryk – náměstí; Žižka – ulice; Jirásek – ulice; kamarád – auto

VON DEN WEIBLICHEN HAUPTWÖRTEN

werden die besitzanzeigenden Fürwörter (Possessivadjektiva) mt folgenden Endungen gebildet:

M		F		N		
Jan**in**	**otec**	Jan**ina**	matka	Jan**ino**	dítě	(Janas ...)

ANMERKUNGEN:

Weibliche Possessivadjektiva bildet man von den Personenbezeichnugen und von den weiblichen Vornamen. Von den weiblichen Familiennamen werden keine Possessivadjektiva gebildet, weil diese schon selber Possessivadjektiva sind (s. oben: Nováková = Novákova žena).
Die Endungen werden an den Stamm angehängt (d.h. die Endung -a fällt weg).

Manche Laute werden weich: mat**k**a – mat**č**in
učitel**k**a – učitel**č**in
Ol**g**a – Ol**ž**in
sest**r**a – sest**ř**in

15. lekce

Ü 3 **Bilden Sie Possessivadjektiva:**

Dana, Jana, Monika, maminka, studentka, kamarádka, Alena, Eva, Hanka

Ü 4 **Verbinden Sie:**

Jana – sestra; Jitka – dítě; Markéta – kočka; studentka – kniha; Vilma – dcera; maminka – kolo; sestra – rádio

IN DER MEHRZAHL sind folgende Endungen:

männlich + belebt	**mänlich / weiblich / sächlich + unbelebt**
brat**rovi** kamarádi	brat**rovy** computery (M)
	Smetanovy opery (F)
	bratrovy děti
	* bratrovy auta

(bei * wurde vereinfacht, aber die Form ist akzeptabel; sie wird in der Umgangssprache gebraucht).

weiblich + belebt	**weiblich + unbelebt (M, F, N)**
Jitčini kamarádi	Jitčiny papíry
	Jitčiny knihy
	Jitčiny děti
	* Jitčiny auta (s. * oben)

Ü 5 **Verbinden Sie:**

učitelka – knihy; bratr – papíry; sestra – děti; student – zkoušky; Viktor – peníze; otec – přátelé

Ü 6 **Was gehört nicht dazu?**

1. Smetanova ulice – Janova matka – Jindrova žena – Jitčina kniha
2. Jardův kamarád – Janina sestra – Jirkova kniha – Einsteinova teorie
3. Jitčiny děti – Evini kamarádi – Mariin kurs – Karlův computer
4. Petrovo auto – Janin dům – Smetanovo divadlo – Dvořákovo kvarteto

Ü 7 **Wie kann man das noch sagen?**

1. Petrova žena: paní Petrová – žena od Petra – žena Petra
2. Einsteinova teorie: teorie Einsteina – Einsteinová – teorie od Einsteina
3. Evini přátelé: přátelé od Evy – přátelé Evy – Eva přátelé

Ü 8 **Finden Sie im Prag–Plan**

Straßen und Plätze, die Possessivadjektiva sind:

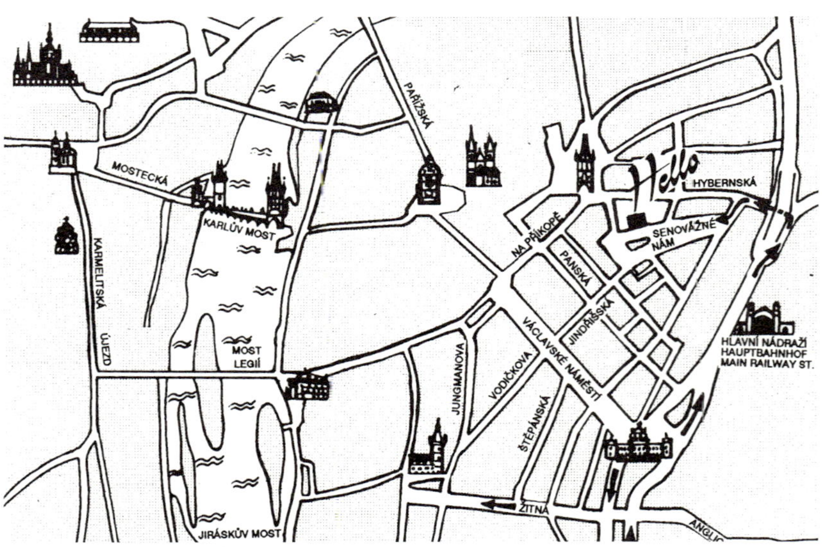

C: KOMMUNIKATIVE ÜBUNGEN

Ordnen Sie die Werke richtig zu:

Ü 9

(gebrauchen Sie dabei Possessivadjektiva):

Beispiel: Bedřich Smetana: Má vlast – Smetanova „Má vlast".

Bedřich Smetana	Káťa Kabanová	opera
Karel Čapek	Osudy dobrého vojáka Švejka	symfonie
Jaroslav Hašek	Z nového světa	román
Antonín Dvořák	Dopisy Olze	drama
Jan Ámos Komenský	Obsluhoval jsem anglického krále	filozofická kniha
Václav Havel	Nesmrtelnost	pedagogika
Bohumil Hrabal	RUR, Matka	
Milan Kundera	Didaktica Magna	
Leoš Janáček	Prodaná nevěsta, Má vlast	

autor	dílo	žánr
Janáček		
Čapek		
Smetana		
Dvořák		
Hašek		
Komenský		
Havel		
Kundera		
Hrabal		

Kennen Sie diese Künstler?

Welche berühmte tschechische Persönlichkeiten sind Ihnen noch bekannt?

REIME – BAUKASTEN

Ü 10

Reime mit -en (a)

a) Jaký to byl dnes krásný den
b) Všechno uteklo jako sen
c) A pivo chutná jako křen
d) Tak mi dej pusu, jednu jen

e) Teď jsem úplně spokojen
d) Půjdeme se psem trochu ven
f) Nechci být jako tamhleten
g) V televizi je program „GEN"

Reime mit -ám / án (b)

a) Kde má pan Pastrňák svůj krám?
b) Já ti tu pusu přece dám
c) A já tu sedím taky sám
d) Ty jsi můj pes a já tvůj pán

e) Jak já to jenom udělám?
f) Zítra ti zase zavolám
g) Absolvoval jsem velký flám
h) Něco tu pro tě ještě mám

Reime mit -áma / ama (c)

a) Tak proč tu slečno sedíte tak sama
b) Podívejte se na tamtoho pána
c) Ta naše láska, to je drama
d) Co se povídá, to je fáma

e) Vypadá jako velká dáma
f) Naše firma má jméno GAMA
g) To není kočka, to je lama
h) A volám kde je moje máma

15. lekce

Ü 11 **Erfinden Sie kleine Gedichte:**

Beispiel:

FLIRT

Tak proč tu slečno sedíte tak sama c
A já tu sedím taky sám b
Ta naše láska, to je drama c
Ja já to jenom udělám? b

Ü 12 **Finden Sie für Ihr Gedicht auch einen Titel.**

Reimen Sie auch nach anderen Schemata (abba, aabb, abca ...)
Wenn es Ihnen Spaß macht, reimen sie noch mit den folgenden Reimwörtern:

květ – zpět – pět – let
volá – škola – hola – cola
smát – brát – zavolat – mnohokrát

JEDNA FRÁZE DENNĚ

Pondělí: Loučíme se s vámi.
Úterý: Děkuji vám za pozornost.
Středa: To stačí.
Čtvrtek: Teď mě omluvte.
Pátek: To nepřichází v úvahu.
Sobota: To se mi hodí.
Neděle: To je moje poslední slovo.

alespoň	mindestens	podle	nach
blbnout, blbnu (ugs.)	Blödsinn machen	použít, použiju	benutzen
brát, beru	nehmen	povídá se	es wird geredet
dílo, *s.*	Werk	prodavač, *m.*	Verkäufer
dokončit, dokončím	beenden	překlad, *m.*	Übersetzung
doufat, doufám	hoffen	připomínka, *w.*	Anmerkung
grafická úprava, *w.*	Layout	pusa, *w.*	Kuß
gramofonová deska, *w.*	Schallplatte	radit se, radím se	sich beraten
hotový	fertig	radost, *w.*	Freude
jazyková učebnice, *w.*	Sprachlehrbuch	slečna, *w.*	Fräulein
kočka, *w.*	Katze	slibovat, slibuju	verprechen
kreslit, kreslím	zeichnen	slovník, *m.*	Wörterbuch
křen, *m.*	Meerretich, Kren	smát se, směju se	lachen
květina, *w.*	Blume	tento, od toho	dieser, von diesem
láska, *w.*	Liebe	třeba	notwendig
majitel, *m.*	Besitzer	učení, *s.*	Lernen
most, *m.*	Brücke	učitelka, *w.*	Lehrerin
nabídka, *w.*	Angebot	utéci, uteču	weglaufen
nahrát, nahraju	aufnehmen	vydat, vydám	herausgeben
nakladatelství, *s.*	Verlag	vydavatel, *m.*	Herausgeber
obálka, *w.*	Umschlag	vyjít, vyjdu, vyšel	ausgehen, erscheinen
obchod, krám (ugs.), *m.*	Geschäft	výloha, *w.*	Schaufenster
obrázek, *m.*	kleines Bild	vytisknout, vytisknu	ausdrucken
odborný	Fach-	vyzkoušet, vyzkouším	ausprobieren
oprava, *w.*	Korrektur	ze starých časů	aus alten Zeiten
opravovat, opravuju	korrigieren	zpívání, *s.*	Singen
osoba, *w.*	Person	žánr, *m.*	Kunstart

SCHLÜSSEL
ZU MANCHEN IM LEHRBUCH ENTHALTENEN ÜBUNGEN

1. LEKCE

Ü 1: Miloš Forman je režisér. Václav Havel je prezident ... Kundera / autor, Komenský / pedagog, Kisch / reportér, Saudek / fotograf, Becker / tenista, Masaryk / filozof, Clinton / politik
Ü 5. 1: 1. Kde bydlíte? 2. (Já) bydlím v Praze. 3. Kde bydlí Karel? 4. Karel bydlí v Plzni. 5. (My) Bydlíme v Brně.
Ü 5. 2: 1. Bruno se učí česky. 2. Kdo se ještě učí česky? 3. Učím se program Windows. 4. Co se učíš? 5. Co se učíte?
Ü 5. 3: 1. Manuela umí anglicky a česky. 2. Co umíš (ty)? 3. Umíte německy? 4. Umím rusky. 5. Už umím všechno.
Ü 6. 1: 1. Já nebydlím v Praze, bydlím v Budějovicích. 2. Umím anglicky, ale neumím francouzsky. 3. Ivan Lendl nebydlí v Praze, bydlí v New Yorku. 4. Mluvíte česky? 5. Umím česky, ale neumím rusky. 6. Neučím se španělsky, učím se česky. 7. Nejsem Čech, jsem Němec. 8. Já jsem cizinec a neumím česky.

2. LEKCE

Ü 3: nemám auto, nemám čas, nemám video, nemám cukr
Ü 8: 1. Jaké číslo má firma ...? 2. Jaké máš / máte číslo? 3. Jak se řekne česky ...? 4. Dáš si / dáte si kávu?

3. LEKCE

Ü 1: 1. ví. 2. ví 3. víš 4. vím 5. ví 6. neví 7. nevíme 8. víte
Ü 2: 1. děláš 2. hraje 3. vaří 4. znáš 5. jsem 6. jedu 7. pije 8. jde 9. píše 10. opakuje 11. děkuju 12. bydlím, pracuju 13. se otvírá 14. volá
Ü 4: 1. trénuje 2. kontroluje 2. montuje 4. faxuje 5. diriguje 6. kritizuje 7. reprezentuje 8. fotografuje 9. stimuluje 10. studuje 11. likviduje 12. simuluje 13. referuje 14. emigruje 15. ilustruje
Ü 7: Jedu do Prahy / přijdu ze školy / jdu do banky / máme ve firmě hodně práce / jsme v kavárně / koupí knihu s kazetou / bez Jany nemůžu žít / každý den jsem ve firmě / jdu na poštu / studuje na univerzitě / jde s Monikou / přijdeme bez Zuzany
Ü 8: 1. k Praze 2. do školy 3. Manuelu 4. z Prahy 5. na poštu 6. do kavárny
Ü 10: 1a, 2a, 3a, 4c

4. LEKCE

Ü 2: moderní blůza, vanilkový jogurt, vepřový guláš, zeleninové lečo, silné espresso, italské špagety, karlovarská becherovka, zelený špenát, žlutý banán, studená minerálka, teplé kakao, černá káva
Ü 3: šunkový salám, sýrová roláda, pomerančový džus, jablkový závin, mandlový likér, zeleninový salát, okurkový salát
Ü 9: 2 richtig, 1, 3, 4, 5 falsch
Ü 11: polévka; zelenina; šálek; vidlička; pivo
Ü 12: poledne / oběd; zmrzlina / moučník, dezert; kotlet / maso; polévka / jím

5. LEKCE

Ü 1: 1. Vrať se! 2. Opakujte! 3. Jeďte! 4. Uč se! 5. Pozdravuj! 6. Jeď! 7. Piš!
Ü 2: 1. Spi! 2. Řekněte! 3. Řekni! 4. Jděte! 5. Zahněte, jděte!
Ü 3: 1. Dělej! 2. Volej! 3. Neříkej! 4. Měj se! 5. Hledejte! 6. Nedělej!
Ü 4: 1. Buď! 2. Buďte! 3. Buď! 4. Buďte! 5. Buď! 6. Buďte! 7. Buď!
Ü 5: 1. Jdi! 2. Piš! 3. Dělejte! 4. Telefonuj! 5. Řekni! 6. Opakuj! 7. Buď! 8. Měj se! 9. Mluv! 10. Vyřiď!
Ü 7: 1. doleva. 2. doprava. 3. dozadu. 4. nahoru. 5. dopředu. 6. doprava.
Ü 8. 1: 1.–5. náměstí, 6. náměstím
Ü 8. 2: 1. park 2. do parku 3. k parku 4. do parku. 5. v parku 6. parkem
Ü 8. 3: 1. auto 2. auto 3. autem
Ü 9: 1a, 2a, 3b, 4b
Ü 10: 1. dolů 2. kam 3. ulice 4. semafor 5. pěšky 6. auto 7. pěšky

6. LEKCE

Ü 3: 1. V poledne 2. Večer. 3. Ráno 4. V noci 5. V létě 6. V zimě 7. V létě
Ü 5: 1a, 2b, 3b, 4a
Ü 12: 2. Petr nikam nejde. 3. Nemám nic. 4. Tady není žádný hotel. 5. Marie nikdy nepřijde. 6. Pan Matějka nemá žádný návrh. 7. Karel nikdy nic neví. 8. Nikdo nic neříká. 9. To nikdy neudělám. 10. Nemám čas.
Ü 13 + 14: 2. Neříkám (už) nic. 3. Nemám tady (už) nic. 4. Nepřijdu (už) nikdy. 5. Nikdo (už) nic neví. 6. Nikdo (už) nemá žádný návrh. 7. Nejdu (už) nikam. 8. Nikdy (už) to neudělám. 9. Nikdo (už) to neví. 10. Tady (už) není žádný inženýr.

7. LEKCE

Ü 1: 1. neumím. 2. můžu 3. umím 4. umí 5. můžu 6. nesmí 7. můžeš 8. musím 9. nesmí 10. smím 11. mám 12. máš 13. máte
Ü 2: 1. chtěl bych 2. chceš / chcete 3. nechci 4. chtěl(i) bys(te) 5. chtěla bych 6. chtějí 7. chtěl(a) bych 8. chtěl(a) bych 9. by chtěla 10. chceš / chcete 11. chtěl(a) bych
Ü 3: 1. se mnou 2. mi 3. mi 4. mi 5. tě 6. mě 7. ke mně 8. na mě 9. tě 10. pro nás 11. s námi 12. tě
Ü 4: 1. s ním 2. bez ní 3. k ní 4. ji 5. u ní 6. s ní 7. k němu 8. ji 9. s ní 10. od nich
Ü 5: 1. k ní 2. mi 3. mi 4. ji 5. oni 6. vás
Ü 6: 1. na violu 2. karty 3. šachy 4. orchestr 5. na kytaru
Ü 7: 1. tenhle dům 2. tamhle doleva 3. takhle 4. tohle 5. tahle 6. tenhle – tamhleten.
Ü 8: 1a, 2a, 3b, 4b

8. LEKCE
Ü 4: 1. blond 2. nemožné 3. elegantní 4. bankovní 5. luxusní 6. hnědý
Ü 8: 1a, 2b, 3c, 4c

9. LEKCE
Ü 2: 1. byl 2. měl (jsem) – neměl (jsem) 3. byl 4. byl 5. byli 6. byl 7. byl 8. měl 9. byl 10. měl/i 11. nebyl 12. neměli 13. bylo 14. měl 15. bylo
Ü 4: 1. mluvil 2. koupil/i 3. museli jsme 4. se setkali 5. zůstala 6. zaplatil jsem a šel jsem pryč 7. faxovala 8. jel jsem 9. nesměli jsme 10. mohl jsem 11. volali 12. psal jsem 13. četla 14. stalo 15. jedl 16. byli
Ü 5: 1. hodinu 2. hodin 3. hodinu 4. hodinky 5. hodina 6. hodinu 7. hodiny 8. hodinky 9. hodiny
Ü 6: ve tři hodiny, půl jedné, od jedenácti do dvanácti, za pět minut tři čtvrtě na čtyři, za pět minut pět, od šesti do osmi, ve tři čtvrtě na deset, je čtrnáct hodin, sedmnáct hodin třicet, osm hodin
Ü 8: 1b, 2c, 3a, 4b
Ü 9: 1. hodinky 2. hodiny 3. sedm 4. týden

10. LEKCE
Ü 1: 1. dražší, rychlejší 2. dražší, lacinější 3. zdravější 4. rychlejší 5. mladší, hezčí 6. lepší 7. modernější 8. krásnější, lacinější 9. menší, větší 10. lepší, hezčí
Ü 4: 1f, 2a, 3g, 4c, 5b, 6d, 7e
Ü 5: láhev s čajem, vaříme v kuchyni, spíme v ložnici, spíme v posteli, jdu na ulici, formulovat definici, zajistit rezervaci, leží na zemi, zpíváme píseň, dej mi sůl, psát na stroji nebo na počítači, mluvte k věci, džin v láhvi, platíme daň, s daní z přidané hodnoty, strana je u moci, leží to na koberci, pečivo k čaji, je po smrti.
Ü 6: 1. v ložnici, v posteli 2. píseň 3. na ulici 4. sůl 5. na stroji, na počítači 6. na koberci 7. v láhvi 8. v kuchyni 9. ve skříni 10. v restauraci
Ü 7: ve skříni, v restauraci, v kuchyni, v pokoji, do pokoje, na židli, v ložnici, do ložnice, v čaji, do čaje, po smrti, s daní z přidané hodnoty, v láhvi, v restauraci, na ulici, v definici, v posteli, v ložnici, v pokoji, na stroji, bez pomoci, k věci
Ü 9: 1. tři pokoje 2. písně 3. dvě postele 4. samé definice 5. všechny ulice 6. hodně věcí 7. stroje 8. dvě kuchyně a čtyři ložnice

11. lekce
Ü 1: 1. když, jestli 2. jestli 3. když 4. protože 5. když 6. když 7. když 8. jestli, až 9. protože 10. že 11. že 12. až, jestli 13. protože 14. když 15. že
Ü 2: 2. Nepřijdu, protože ... 3. Nevím, jestli je ... 4. Neřeknu nic, protože ... 5. Jdu do banky, protože ... 6. Když prší, ... 7. V kanceláři nikdo není, protože ... 8. Jdu na poštu, protože ... 9. Zeptej se Olgy, jestli chce ... 10. Petr je štíhlý, přestože ... 11. Přestože je to daleko, ... 12. Protože je to daleko, jedeme ...
Ü 3: 1. k Petrovi 2. Karlovi 3. na Manfreda 4. o Václavovi 5. od Libora
Ü 4: 1. pan Novák 2. pana Pammera 3. s panem Čížkem 4. pana Vaňka 5. panu Schiffkornovi 6. o panu Slavíkovi 7. od pana Štěpánka 8. pane Alzner 9. bez pana Kohouta 10. pana Zemana
Ü 5: 1. k panu inženýru Maškovi 2. pana doktora Stiftera 3. pana inženýra Jecha 4. o studentu Staňkovi 5. o panu prezidentu/ovi Havlovi
Ü 6: 1. s mužem 2. od spisovatele 3. příteli 4. herce 5. k řediteli 6. o učiteli 7. bez pana Schwarze 8. pana Kurze 9. pana Klause 10. pro pana Tesaře
Ü 7: 1. pro Jardu 2. s Tondou 3. Honzovi 4. Pepu 5. od Oty 6. pana Kratinu 7. s panem Svobodou 8. o panu Hruškovi 9. k panu Kalinovi 10. pane Janda
Ü 10: 1c, 2d, 3a, 4b, 5e

12. LEKCE
Ü 2: 1. zakázáno 2. ukraden 3. zraněn 4. zavřeno 5. otevřeno 6. zaparkováno 7. prodán 8. rezervován 9. obsazeno 10. uděláno
Ü 4: 1. Dnes se vaří také polévka. 2. Říká se to, ale není to pravda. 3. V bance se mění peníze. 4. Co se dnes hraje v divadle? 5. Tady se nekouří. 6. Na náměstí se neparkuje. 7. V neděli se nepracuje.
Ü 5: 1a, 2b, 3c, 4a
Ü 6: 1. zavolám 2. pojedu 3. vyjedete 4. zeptám se 5. uvidím 6. zavolám 7. vyjdu 8. nahlásím 9. pojedu 10. podívám se
Ü 7: richtig 4, 10
Ü 9: 1. letiště 2. pokuta 3. řidič 4. pumpa 5. hlavní silnice

13. LEKCE
Ü 5: 1. jeho 2. její 3. jeho 4. moje 5. tvůj 6. váš 7. její, jejich 8. naše 9. vaše 10. její
Ü 14: 1. nein 2. nein 3. nein 4. ja 5. nein 6. nein 7. nein 8. nein 9. ja 10. nein

14. LEKCE
Ü 1: 1. budu obědvat 2. už budu vědět 3. budeš mít 4. budu dělat 5. ... se budu učit 6. bude vařit 7. budeme ... čekat 8. bude studovat 9. budete mít 10. budeme pít 11. budeme večeřet 12. budete dělat 13. budu se dívat 14. budete kouřit? 15. budete obědvat?
Ü 2: 1. Budu nemocný. 2. P. bude velký. 3. Budeme rádi, když ... 4. M. bude učitelkou. 5. ..., že budete spokojený. 6. Jistě budete zase zdravý.
Ü 3: 1. do Českých Budějovic 2. v Karlových Varech a v Mariánských Lázních 3. v Ústí nad Labem 4. do České Lípy 5. v Hluboké nad Vltavou 6. v Hradci Králové
Ü 5: richtig: 1, 3, 5, 8, 9, 11, 13, 15
Ü 6: 1. Plzeň 2. Horšovský Týn 3. Ostrava 4. Československo 5. Dunaj

15. LEKCE

Ü 1: Petrův, Smetanův, Dvořákův, Havlův, Markův, bratrův, kamarádův, turistův, Jardův, Haškův, Čapkův, Radkův, Jirkův, Pepův, Karlův

Ü 2: Karlův most, Smetanovo divadlo, Čapkovo drama, Nerudova ulice, Petrova kniha, Wilsonovo nádraží, Masarykovo náměstí, Žižkova ulice, Jiráskova ulice, kamarádovo auto

Ü 3: Danin, Janin, Moničin, maminčin, studentčin, kamarádčin, Alenin, Evin, Hančin

Ü 4: Janina sestra, Jitčino dítě, Markétina kočka, studentčina kniha, Vilmina dcera, maminčino kolo, sestřino rádio

Ü 5: učitelčiny knihy, bratrovy papíry, sestřiny děti, studentovy zkoušky, Viktorovy peníze, otcovi přátelé

Ü 6: 1. Jindrova žena 2. Janina sestra 3. Karlův computer 4. Janin dům

Ü 7: 1. žena Petra 2. teorie Einsteina 3. přátelé Evy

Ü 8: Smetana – Má vlast / Prodaná nevěsta – symfonie / opera
Čapek – RUR, Matka – drama
Hašek – Švejk – román
Dvořák – Z nového světa – symfonie
Komenský – Didaktica... – pedagogika
Havel – dopisy – filozofická kniha
Hrabal – Obsluhoval jsem ... román
Kundera – Nesmrtelnost – román
Janáček – Káťa Kabanová – opera

GRAMMATIK

DEKLINATIONSTABELLE (zum Ergänzen)

	MÄNNLICH belebt hart/weich		MÄNNLICH unbelebt hart/weich		WEIBLICH -a	-e
1.	pán	muž	film	pokoj	žena	práce
2.						
3.						
4.						
5.						
6.						
7.						

	SÄCHLICH -o	-í
1.	město	náměstí
2.		
3.		
4.		
5.		
6.		
7.		

ZEITWÖRTER (VERBEN)

	Nennform / Infinitiv	Gegenwart		Vergangenheit		Befehlsform
1.	mluvit bydlet	mluvím mluvíš mluví	mluvíme mluvíte mluví	mluvil/a jsem mluvil/a jsi mluvil	mluvili jsme mluvili jste mluvili	mluv! mluvte
2.	dělat	dělám děláš dělá	děláme děláte dělají	dělal jsem dělal jsi dělal	dělali jsme dělali jste dělali	dělej! dělejte!
3.	děkovat	děkuju/i děkuješ děkuje	děkujeme děkujete děkují/ou	děkoval jsem děkoval jsi děkoval	děkovali jsme děkovali jste děkovali	děkuj! děkujte
4.	psát	píšu píšeš píše	píšeme píšete píšou/í	psal jsem psal jsi psal	psali jsme psali jste psali	piš! pište!

SCHWIERIGE ZEITWÖRTER:

Nennform	Gegenwart	Vergangenheit	Befehlsform
číst / *lesen*	čtu	četl	čti! čtěte!
jet / *fahren*	jedu	jel	jeď! jeďte!
jíst / *essen*	jím	jedl	jez! jezte!
pít / *trinken*	piju	pil	pij! pijte!
psát / *schreiben*	píšu	psal	piš! pište!
říci / *sagen*	řeknu	řekl	řekni! řekněte!
spát / *schlafen*	spím	spal	spi! spěte!
stát / *kosten*	stojí (3.)	stál	–
stát / *stehen*	stojím	stál	stůj! stůjte
stát se / *geschehen* nur 3. P.	stane se	stalo se	–
vědět / *wissen*	vím	věděl	věz! vězte!
vzít / *nehmen*	vezmu	vzal	vezmi! vezměte!
zapomenout / *vergessen*	zapomenu	zapomněl	zapomeň! zapomeňte!
zavřít / *schließen*	zavřu	zavřel	zavři! zavřete!
žít /	žiju	žil	žij! žijte!

VERBEN **BÝT** / *SEIN*, **MÍT** / *HABEN*

Nennform	Gegenwart		Vergangenheit		Befehlsform
být	jsem jsi je	jsme jste jsou	byl jsem byl jsi byl	byli jsme byli jste byli	buď buďte!
mít	mám máš má	máme máte mají	měl jsem měl jsi měl	měli jsme měli jste měli	měj! mějte!

DIE UNVOLLENDETE ZUKUNFT (FUTUR)
BUDU (= ZUKUNFT VON „BÝT") + NENNFORM

budu	dělat	budeme	dělat
budeš	dělat	budeme	dělat
bude	dělat	budou	dělat

MODALVERBEN

Nennform	Gegenwart	Vergangenheit
umět / können (imstande sein)	umím	uměl
moci / können (dürfen)	můžu, mohu	mohl
smět / dürfen	smím	směl
muset / müssen	musím	musel
mít / sollen (auch haben)	mám	měl
chtít / wollen, mögen	chci	chtěl
chtěl bych = ich möchte		

VORWÖRTER (PRÄPOSITIONEN)

2. FALL:	**od / ode,** von	**do,** nach, bis	**z / ze,** aus	**u,** bei	**vedle,** neben	**podle** nach	
3. FALL:	**k, ke** zu	**proti** gegenüber					
4. FALL:	**pro,** für,	**v / ve (wann?),** um,	**za,** hinter,	**před,** vor,	**pod,** unter,	**nad,** über,	**na (wohin?)** auf / an
6. FALL:	**o,** von / über,	**v / ve (wo?),** in,	**na (wo?)** auf / an				
7. FALL:	**s / se,** mit,	**za,** hinter,	**před,** vor,	**pod,** unter,	**nad (wo?)** über		

DEKLINATION
EIGENSCHAFTSWORT + HAUPTWORT
MÄNNLICH BELEBT UND UNBELEBT

● Einzahl

	Eigenschaftsw. hart weich	Hauptwort männlich belebt hart	weich	Eigensch. hart weich	Hauptwort männlich unbelebt hart	weich
1.	mladý elegantní	pán	muž	nový	film moderní	pokoj
2.	mladého elegantního	pána	muže	nového moderního	filmu	pokoje
3.	mladému elegantnímu	pánu/-ovi	muži/-ovi	novému modernímu	filmu	pokoji
4.	mladého elegantního	pána	muže	nový moderní	film	pokoj
5.	mladý elegantní	pane!	muži!	– – –		
6.	(o) mladém elegantním	pánovi	muži/-ovi	(o) novém moderním	filmu	pokoji
7.	mladým elegantním	pánem	mužem	novým moderním	filmem	pokojem

● Mehrzahl

1.	mladí elegantní	páni/-ové	muži	nové moderní	filmy	pokoje
2.	mladých elegantních	pánů	mužů	nových moderních	filmů	pokojů
3.	mladým elegantním	pánům	mužům	novým moderním	filmům	pokojům
4.	mladé elegantní	pány	muže	nové moderní	filmy	pokoje
5.	mladí elegantní	páni! pánové!	muži! mužové!	– – –		
6.	(o) mladých elegantních	pánech	mužích	nových moderních	filmech	pokojích
7.	mladými elegantními	pány	muži	novými moderním	filmy	pokoji

DEKLINATION — WEIBLICH
EIGENSCHAFTSWORT + HAUPTWORT

● Einzahl

	Eigensch. hart/weich	Hauptwort weibl. -a	Eigensch. weibl. -e	Hautwort weibl. Kons.
1.	krásná moderní	žena	práce	místnost
2.	krásné moderní	ženy	práce	místnosti
3.	krásné moderní	ženě	práci	místnosti
4.	krásnou moderní	ženu	práci	místnost
5.	krásná moderní	ženo!	– –	– –
6.	(o) krásné (o) moderní	ženě	práci	místnosti
7.	krásnou moderní	ženou	prací	místností

● Mehrzahl

1.	krásné moderní	ženy	práce	místnosti
2.	krásných moderních	žen	prací	místností
3.	krásným moderním	ženám	pracím	místnostem
4.	krásné moderní	ženy	práce	místnosti
5.	krásné moderní	ženy!	– –	– –
6.	(o) krásných (o) moderních	ženách	pracích	místnostech
7.	krásnými moderními	ženami	pracemi	místnostmi

DEKLINATION – SÄCHLICH
EIGENSCHAFTSWORT + HAUPTWORT

● Einzahl

	Eigensch. hart / weich	Hauptwort -o	Hauptwort -í
1.	malé moderní	město	náměstí
2.	malého moderního	města	náměstí
3.	malému modernímu	městu	náměstí
4.	malé moderní	město	náměstí
5.	– – –		
6.	(o) malém moderním	městě / u	náměstí
7.	malým moderním	městem	náměstím

● Mehrzahl

1.	malá moderní	města	náměstí
2.	malých moderních	měst	náměstí
3.	malým moderním	městům	náměstím
4.	malá moderní	města	náměstí
5.	– – –		
6.	malých moderních	městech	náměstích
7.	malými moderními	městy	náměstími

PERSÖNLICHE FÜRWÖRTER

● Einzahl

1.	já	ty	on, ono	ona
2.	mne, mě	tebe, tě	jeho, ho, (od) něj	(od) ní
3.	mně, mi	tobě, ti	jemu, mu, (k) němu	jí, (k) ní
4.	mne, mě	tebe, tě	jeho, ho, (pro) něj	ji, (pro) ni
5.	– – –	– – –	– – –	– – –
6.	(o) mně	(o) tobě	(o) něm	(o) ní
7.	mnou	tebou	jím, (s) ním	jí, (s) ní

● Mehrzahl

1.	my	vy	oni
2.	nás	vás	jich, (od) nich
3.	nám	vám	jim, (k) nim
4.	nás	vás	je, (pro) ně
5.	– – –	– – –	– – –
6.	(o) nás	(o) vás	(o) nich
7.	námi	vámi	jimi, (s) nimi

BESITZANZEIGENDE FÜRWÖRTER (Possessivpronomina)

	Einzahl			Mehrzahl		
	M	W	S	M belebt	M – unb., W	S
1.	můj	moje, má	moje, mé	moji, mí	moje, mé	moje, má
2.	mého	mé	mého	mých		
3.	mému	mé	mému	mým		
4.	můj / unb. mého / b.	mou, moji	moje, mé	moje, mé	moje, mé	moje, má
5.	– – –	– – –	– – –			
6.	(o) mém	(o) mé	(o) mém	(o) mých		
7.	mým	mou	mým	mými		

„tvůj“ wie **„můj“** (tvého, tvému...): Mehrzahl: **tvoji, tví ...** wie **moji, mí**
„tvoje, tvá“ wie **„moje, má“** (tvé, tvé ...): Mehrzahl: **tvoje, tvé** wie **moje, mé**
„tvoje, tvé“ wie **„moje, mé“** (tvého, tvému): Mehrzahl: **tvoje, tvá** wie **moje, má**
„její“ wie weiches Eigenschaftswort (moderní)
„jeho“ bleibt undekliniert

Einzahl				Mehrzahl		
M		W	S	M (b)	M (ub) W	S
1.	náš	naše	naše	naši	naše	naše
2.	našeho	naší	našeho	našich		
3.	našemu	naší	našemu	našim		
4.	našeho / b. náš / unb.	naši	naše	naše		
5.	– – –	– – –	– – –	– – –		
6.	(o) našem	(o) naší	(o) našem	(o) našich		
7.	naším	naší	naším	našimi		

„vaši, vaše“ wie **naši, naše“**
„jejich“ bleibt undekliniert

TSCHECHISCH – DEUTSCHES WÖRTERVERZEICHNIS

a	und **2**
ahoj	ugs. Begrüßung **1**
aktovka, *w.*	Aktentasche **8**
ale	aber **1**
alespoň	mindestes **15**
anglicky	englisch **1**
ani	auch nicht **6**
ani – ani	weder – noch **9**
ano	ja **2**
asi	etwa **6**
atomová elektrárna, *w.*	Atomkraftwerk **14**
autodílna, *w.*	Autowerkstatt **12**
až	bis, wenn **5**
babička, *w.*	Großmutter **13**
banán, *m.*	Banane **2**
banka, *w.*	Bank **3**
bankéř, *m.*	Bankier **11**
bankovka, *w.*	Banknote **13**
basa, *w.*	Kontrabaß **7**
bez	ohne **3**
beze všeho	ohne weiteres **10**
bílý	weiß **4**
blbnout, blbnu (ugs)	Blödsinn machen **15**
blízko	nahe **5**
blůza, *w.*	Bluse **4**
bohužel	leider **2**
boty, *Pl.*	Schuhe **14**
brambory, *Pl.*	Kartoffeln **4**
brát, beru	nehmen **15**
bratr, *m.*	Bruder **13**
brusinky, *Pl.*	Preiselbeeren **4**
brýle, *Pl.*	Brille **8**
buď rád	sei froh **3**
bude se líbit	es wird gefallen **11**
bude se to muset zaplatit	man wird das bezahlen müssen **12**
budete obědvat?	möchten Sie zu Mittag essen? **4**
buďte zdráv	seien sie gesund **2**
bydlet, bydlím	wohnen **1**
být, jsem	sein **1**
celkem	zusammen, insgesamt **4**
celní	Zoll- **8**
celnice, *w.*	Zollamt **13**
celý	ganz **3**
cena, *w.*	Preis **8**
cesta, *w.*	Weg, Reise **5**
cigareta, *w.*	Zigarette **2**
cizinec, *m.*	Ausländer **1**
co	was **1**
co možná brzo	möglichst bald **12**
cukr, *m.*	Zucker **2**
cukrárna, *w.*	Konditorei **6**
cvičit	turnen, üben **6**
čaj, *m.*	Tee **2**
čas, *m.*	Zeit **2**
často	oft **9**
Čech, *m.*	Tscheche **1**
černý	schwarz **4**
červený	rot **4**
Česká republika, *w.*	Tschechische Republik **6**
česky	tschechisch **1**
čeština, *w.*	Tschechisch **6**
čí	wessen **2**
čím (7. F von „co“)	womit **13**
číslo, *s.*	Nummer **2**
číslo pojistky, *s.*	Versicherungsnummer **12**
číst, čtu	lesen **3**
čokoláda, *w.*	Schokolade **3**
čtvrt, *w.*	Viertel **9**
čtvrtek, *m.*	Donnerstag **2**
daleko	weit **5**
další	weitere **14**
daň, *w.*	Steuer **10**
dát si, dám si	nehmen, ich nehme **2**
dát, dám	geben **9**
dcera, *w.*	Tochter **13**
decentní	dezent **8**
dědeček, *m.*	Großvater **13**
dějiny, *Pl.*	Geschichte **14**
dejte mi	geben Sie mir **6**
děkovat, děkuju	danken **1**
dělat, dělám	machen **3**
dělit, dělím	teilen **14**
den, dny, *m.*	Tag, Tage **1**
denně	täglich **2**
dílo, *s.*	Werk **15**
dítě, děti, *s., Pl.*	Kind, Kinder **8**
divadlo, *s.*	Theater **5**
dívat se, dívám se	schauen **7**
divit se, divím se	sich wundern **14**
dlouho	lange **1**
dlouhý	lang **8**
dnes	heute **3**
do	nach, bis, in **3**
do Čech	nach Tschechien **6**
do Prahy	nach Prag **2**
dobrou chuť!	Guten Appetit! **4**
dobrou noc	Gute Nacht **1**
dobrý den	Guten Tag **1**
dobrý večer	Guten Abend **1**
docela	ganz **1**
dohromady	zusammen **4**
dojít pro, dojdu pro	holen **12**
doklady, *Pl.*	Ausweis, Papiere **12**
dokonalý	wollkommen **8**
dokončit, dokončím	beenden **15**
doleva	nach links **5**
doma	zu Hause **3**
domů	nach Hause **6**
dopoledne	vormittags **6**
doprava, *w.*	Verkehr **12**
doprava (wohin)	nach rechts **5**
dort, *m.*	Torte **4**
dost	genug **14**
dostat, dostanu	bekommen **4**
doufat, doufám	hoffen **15**
dovolená, *w.*	Urlaub **6**
drahý	teuer **8**
druhá světová válka, *w.*	der 2. Weltkrieg **14**
dřív, dříve	früher **9**
dům, *m.*	Haus **5**
dva	zwei **1**
džíp, *m.*	Jeep **3**
džus, *m.*	Juice **4**
fantastický	phantastisch **8**
firma, *w.*	Firma **3**
fotoaparát, *m.*	Fotoapparat **2**
frank, *m.*	Frank **4**
fráze, *w.*	Phrase **2**
garáž, *w.*	Garage **2**
grafická úprava, *w.*	Layout **15**
gramofonová deska, *w.*	Schallplatte **15**
guláš, *m.*	Gulasch **4**
haléř, *m.*	Heller **4**
havárie, havárka, *w.*	Unfall **11**

havarijní pojištění, *s.*	KASKO – Versicherung **12**
herec, *m.*	Schauspieler **11**
hezky	schön **11**
hezký	hübsch **8**
hlad, *m.*	Hunger **5**
hlas, *m.*	Stimme **12**
hlava, *w.*	Kopf **3**
hlava se mi točí	mir dreht sich der Kopf **8**
hlavně	vor allem **9**
hlavní jídlo, *s.*	Hauptspeise **4**
hlavní silnice, *w.*	Hauptstraße **12**
hlavní-	Haupt- **5**
hledat, hledám	suchen **5**
hlídané parkoviště, *s.*	bewachter Parkplatz **12**
hned	gleich **4**
hnědý	braun **8**
hodina, *w.*	Uhr, Stunde **9**
hodinky, *Pl.*	Armbanduhr **9**
hodiny, *Pl.*	Uhr **9**
hodně	viel **3**
hodný	brav **5**
honem	schnell **11**
hora, *w.*	Berg **14**
horentní	horrent **8**
hořet, hořím	brennen **11**
hoří!	Feuer! **11**
hospoda, *w.*	Gasthaus **5**
host, *m.*	Gast **4**
hotový	fertig **15**
houska, *w.*	Brötchen, Semmel **4**
housle, housličky, *Pl.*	Geige **7**
hrad, *m.*	Burg **14**
hrát na něco	spielen etwas **3**
hrozný	schrecklich **8**
chata, *w.*	Wochenendhaus **6**
chléb, *m.*	Brot **4**
chtěl/a bych	ich möchte **6**
chtít, chci	wollen, mögen **6**
chuť, *w.*	Appetit **4**
chutnat, chutná	schmecken, es schmeckt **2**
chvíle, *w.*	Weile **2**
informace, *w.*	Information **3**
italský	italienisch **4**
já	ich **4**
jablko, *s.*	Apfel **4**
jak	wie **2**
jak se máte?	wie geht es Ihnen? **2**
jak se tam dostanu?	wie komme ich dorthin? **12**
jaký, jaká, jaké	was für ein, eine, ein **2**
jaro, *s.*	Frühling **6**
jazyková učebnice, *w.*	Sprachlehrbuch **15**
jde to	es geht **2**
je mi líto	es tut mir leid **7**
jeden, jedna, jedno	ein, eine, ein **2**
jednání, *s.*	Verhandlung, Handlung **12**
jednou	einmal **1**
její	ihr **12**
jen, jenom	nur **1**
jestli	ob, wenn **12**
ještě	noch **1**
ještě jednou	noch einmal **1**
jet, jedu	fahren **3**
jezdit, jezdím	regelmäßig fahren **6**
jídelní lístek, *m.*	Speisekarte **4**
jídlo, *s.*	Essen **4**
jih, jižní, *m.*	Süd, südlich **14**
jinak	sonst **12**
jiný	ein anderer **6**
jíst, jím	essen **4**
jít na procházku	einen Spaziergang machen **6**
jít, jdu	gehen **3**
jízdenka, *w.*	Fahrkarte **10**
jízdní řád, *m.*	Fahrplan **10**
jméno, *s.*	Name **1**
jmenovat se, jmenuju se	heißen
k	zu **3**
kabát, *m.*	Mantel **8**
kalhoty, *Pl.*	Hose **8**
kam	wohin **5**
kancelář, *w.*	Büro **9**
Karlův most, *m.*	Karlsbrücke **11**
káva, *w.*	Kaffee **2**
kavárna, *w.*	Café **3**
kazeta, *w.*	Kassette **2**
každý, každá, každé	jeder, jede, jedes **3**
kde	wo **1**
kdo	wer **1**
kdy	wann **3**
kdy jste se narodil?	wann sind Sie geboren? **13**
když	wenn **12**
kilometr čtvereční, *m.*	Quadratkilometer **14**
klíč, *m.*	Schlüssel **9**
klobouk, *m.*	Hut **8**
knedlík, *m.*	Knödel **4**
kniha, *w.*	Buch **2**
knihovna, *w.*	Bibliothek **11**
koberec, *m.*	Teppich **10**
kočka, *w.*	Katze **15**
koláč, *m.*	Kuchen **4**
kolik	wieviel **2**
kolik je Vám let?	wie alt sind Sie? **13**
kolo, *s.*	Rad, Kreis, Fahrrad **5**
konec, *m.*	Ende **10**
kontrola, *w.*	Kontrolle **8**
korektní	korrekt **8**
koruna, *w.*	Krone **4**
kostel, *m.*	Kirche **5**
kotlet, *m.*	Kotlett **4**
koupit, koupím	kaufen **5**
kouřit, kouřím	rauchen **14**
kousek, *m.*	ein kleines Stück **5**
krása, *w.*	Schönheit **11**
krásný	schön **8**
krátký	kurz **8**
kreslit, kreslím	zeichnen **15**
kronika, *w.*	Chronik **8**
křen, *m.*	Meerrettich, Kren **15**
kufr, *m.*	Koffer **8**
kuchyň, *w.*	Küche **10**
kupovat	kaufen **9**
kuře, *s.*	Brathuhn, Brathendl **4**
kvalita, *w.*	Qualität **8**
květina, *w.*	Blume **6**
laciný, levný	billig **8**
láhev, *w.*	Flasche **10**
láska, *w.*	Liebe **15**
laskavost, *w.*	Freundlichkeit **2**
lázně, *Pl.*	Bad, Kurort **14**
lečo, *s.*	Letscho **4**
lehký	leicht **14**
letadlo, *s.*	Flugzeug **6**
letenka, *w.*	Flugkarte **10**
letět, letím	fliegen **6**
letiště, *s.*	Flughafen **12**
léto, *s.*	Sommer **6**
letos	dieses Jahr **14**
letový řád, *m.*	Flugplan **10**
ležet, ležím	liegen **10**
lhát, lžu	lügen **8**
líbit se, líbí se	gefallen **8**

lidé, *Pl.*	Leute **11**
likér, *m.*	Likör **4**
linka, *w.*	(Flug)linie **10**
líp, lépe	besser **14**
lístek, *m.*	Karte **6**
lítost, *w.*	Reue **14**
ložnice, *w.*	Schlafzimmer **10**
lžíce, *w.*	Löffel **4**
lžička, *w.*	kleiner Löffel **4**
majitel, *m.*	Besitzer **15**
malý	klein, kleine, klein **4**
mám se dobře	mir geht es gut **2**
mám tě rád	ich mag dich **8**
mandle, *w.*	Mandeln **4**
manžel, muž, *m.*	Ehemann, Mann **12**
manželka, žena, *w.*	Ehefrau, Frau **13**
mapa, *w.*	Landkarte, Mappe **3**
marka, *w.*	Mark **4**
maso, *s.*	Fleisch **4**
matka, maminka, *w.*	Mutter, Mutti **13**
měl by	er sollte **11**
měli jsme se rádi	wir hatten uns gern **9**
město, *s.*	Stadt **2**
metro, *s.*	U-Bahn **6**
mince, *w.*	Münze **13**
minerálka, *w.*	Mineralwasser **4**
mířit, míříš	zielen **14**
místo, *s.*	Platz **13**
místo narození, *s.*	Geburtsort **13**
mít, mám	haben, sollen **2**
mladý	jung **8**
mléko, *s.*	Milch **2**
mluvit, mluvím	sprechen **1**
mnohem	viel **10**
mnohokrát	vielmals **1**
moc, *w.*	Macht **10**
moc, velmi	sehr **1**
moci, můžu	können (=dürfen) **3**
moderní	modern **4**
modrý	blau **8**
moje jméno, *s.*	mein Name **1**
most, *m.*	Brücke **15**
možnost, *w.*	Möglichkeit **14**
možný	möglich **8**
můj, moje, moje	mein, meine, mein **3**
muset, musím	müssen **6**
muž, *m.*	Mann **8**
my	wir **1**
myslet, myslím na	denken an **12**
na	auf, an, in **3**
na místě	an Ort und Stelle **12**
na shledanou	Auf Wiedersehen **1**
na zdraví!	Zum Wohl! **4**
nabídka, *w.*	Angebot **15**
nad	über **3**
nádraží, *s.*	Bahnhof **5**
nahlásit	anmelden **12**
nahrát, nahraju	aufnehmen **15**
najednou	auf einmal **9**
najít, najdu	finden **11**
nakladatelství, *s.*	Verlag **15**
nakupovat, nakupuju	einkaufen **6**
nalevo	links **5**
náměstí, *s.*	Marktplatz **5**
nápis, *m.*	Anschrift **12**
naposledy	zum letzten Mal **14**
napravo	rechts **5**
napřed	zuerst **12**
například	zum Beispiel **14**
napsat	schreiben **10**

národ, *m.*	Nation **14**
národní	national **8**
Národní třída, *w.*	Nationalstraße **11**
narozeniny, *Pl.*	Geburtstag **6**
nástupiště, *s.*	Bahnsteig **13**
nastupovat, nastupuju	einsteigen **11**
náš, naše, naše	unser, unsere, unser **3**
naštěstí	zum Glück
navečer	gegen Abend **6**
návrh, *m.*	Vorschlag **6**
návštěva, *w.*	Besuch **9**
navštívit	besuchen **11**
nebe, *s.*	Himmel
nebo, anebo	oder **2**
něco	etwas **5**
něco dobrého	etwas Gutes **11**
nedejte na mou ženu	achten Sie nicht auf meine Frau **8**
neděle	Sonntag **2**
nech to!	laß das! **13**
nechce se mi	ich habe keine Lust **6**
nechci tomu věřit	ich will das nicht glauben **12**
nějaký	irgendein **2**
nejvíc	am meisten **12**
někdo	jemand **12**
Němec, *m.*	Deutscher **1**
německy	deutsch **1**
nemocnice, *w.*	Krankenhaus **5**
nemocný	krank **11**
není zač	keine Ursache **2**
nést, nesu	bringen **4**
nevíte?	wissen Sie nicht? **2**
nízký	niedrig **8**
noc, *w.*	Nacht **6**
nocleh, *m.*	Übernachtung **10**
noha, *w.*	Fuß **3**
noviny, *Pl.*	Zeitung **8**
nový	neu **3**
nutný	dringend, notwendig **7**
nůž, *m.*	Messer **4**
obálka, *w.*	Umschlag **15**
oběd, *m.*	Mittagessen **4**
obědvat, obědvám	zu Mittag essen **4**
obchod, krám (ugs.), *m.*	Geschäft **15**
obchodně	geschäftlich **12**
obchodní	Handels- **8**
obchodní dům, m.	Warenhaus **5**
obchodní partner, *m.*	Geschäftspartner **12**
objevit, objevím	entdecken **10**
obložený chlebíček, *m.*	belegtes Brötchen **4**
obraz, *m.*	Bild **12**
obrázek, *m.*	kleines Bild **15**
obsazeno	besetzt **2**
obyvatel, *m.*	Einwohner **11**
oko, oči, *s.*	Auge, Augen **8**
od	von **3**
odborný	Fach- **15**
odpočívat, odpočívám	sich ausrasten **11**
odpoledne	nachmitags **6**
odtahová služba, *w.*	Abschleppdienst **12**
odtažení, *s.*	Abschleppen **12**
odtažený	abgeschleppt **12**
okamžik, *m.*	Augenblick **4**
okurka, *w.*	Gurke **4**
omeleta, *w.*	Omelette **3**
omyl, *m.*	Irrtum **7**
on	er **1**
ona	sie **1**
oni	sie **1**
ono	es **1**

opakovat, opakuju	wiederholen **1**
opatrně	vorsichtig **5**
oprava, *w.*	Korrektur **15**
opravovat, opravuju	korrigieren **15**
osoba, *w.*	Person **15**
ostrov, *m.*	Insel **11**
ošklivý	häßlich **8**
otec, tatínek, *m.*	Vater, Vati **13**
otevřít, otevřu	öffnen **12**
otvírat, otvírám	eröffnen **3**
ovšem	jedoch **11**
padesát	fünfzig **4**
pak, potom	dann **5**
pan, pán, *m.*	Herr **1**
pane vrchní!	Herr Ober! **4**
panebože!	um Gottes willen! **6**
paní, *w.*	Frau **1**
papír, *m.*	Papier **2**
park, *m.*	Park **2**
parkování, *s.*	Parken **12**
parkovat, parkuju	parken **12**
parkoviště, *s.*	Parkplatz **5**
pátek, *m.*	Freitag **2**
patřit, patřím	gehören **14**
pěkně, pěkný	schön **3**
peněžní automat, *m.*	Geldautomat **13**
peníze, *Pl.*	Geld **2**
pes, *m.*	Hund **8**
pěšky	zu Fuß **3**
píseň, *w.*	Lied **10**
pít, piju	trinken **3**
pití	Trinken **4**
pivo, *s.*	Bier **4**
platit, platím	gelten, zahlen **4**
počasí, *s.*	Wetter **3**
počítač, *m.*	Computer **10**
počkat, počkám	warten **7**
pod	unter **3**
podívat se, podívám se	schauen **12**
podle	nach **15**
podnik, *m.*	Unternehmen **9**
podnikatel, *m.*	Unternehmer **11**
podzim, *m.*	Herbst **6**
pohled, *m.*	Ansichtskarte **13**
pohoří, *s.*	Gebirge **14**
pojďte dál	kommen Sie herein **12**
pojistit, pojistím	versichern **12**
pojišťovna, *w.*	Versicherungsanstalt **12**
pokladní, *w.*	Kassiererin **6**
pokoj, *m.*	Zimmer **10**
pokus, *m.*	Versuch **13**
pokuta, *w.*	Strafe **12**
poledne, *s.*	Mittag **6**
polévka, *w.*	Suppe **4**
políbit, políbím	küssen **9**
pomalu	langsam **5**
pomeranč, *m.*	Apfelsine, Orange **4**
pomoc, *w.*	Hilfe **10**
pomoci, pomůžu	helfen **12**
pondělí, *s.*	Montag **2**
poradit, poradím	beraten **13**
porucha, *w.*	Panne **12**
pořád	immer **2**
poslat	schicken **11**
poslední	der letzte **10**
posloužit, posloužím	bedienen **13**
postel, *w.*	Bett **10**
poškodit, poškodím	beschädigen **12**
pošta, *w.*	Post **3**
potom	dann **2**
potřebovat, potřebuju	brauchen **7**
potvrzení, *s.*	Bestätigung **13**
pouhý	bloßer **14**
použít, použiju	benutzen **15**
povedeme Vaše konto	wir führen Ihr Konto **13**
povídá se	es wird geredet **15**
povídat, povídám	reden **9**
pozdě	spät **9**
později	später **7**
pozdrav, *m.*	Gruß **5**
pozdravovat, pozdravuju	grüßen **3**
pozítří	übermorgen **6**
poznat, poznám	erkennen, kennenlernen **7**
poznávací značka, *w.*	Kennzeichen **12**
pozvat, pozvu	einladen **8**
práce, *w.*	Arbeit **3**
pracovat, pracuju	arbeiten **1**
praktický	praktisch **8**
pro vás	für Sie **4**
proclení, *s.*	Verzollen **13**
prodavač, *m.*	Verkäufer **15**
procházet se, procházím	spazieren **5**
promiňte	Entschuldigung **7**
prosazovat, prosazuju	durchsetzen **14**
prosím vás	ich bitte Sie **2**
prosit, prosím	bitten, bitte **1**
prostě	einfach **8**
prší	es regnet **3**
průmysl, *m.*	Industrie **14**
první	der erste **8**
pryč	weg **9**
přát si, přeju si	sich wünschen **4**
přece	doch **3**
před	vor **6**
předevčírem	vorgestern **6**
předkrm, *m.*	Vorspeise **4**
přednost, *w.*	Vorfahrt **12**
představa, *w.*	Vorstellung **8**
překlad, *m.*	Übersetzung **15**
přelud, *m.*	Illusion **14**
přepojit, přepojím	verbinden **7**
přes	über **11**
přestupovat, přestupuju	umsteigen **11**
přicházet, přicházím	jetzt kommen **7**
přijet, přijedu	kommen (Verkehrsmittel) **3**
přijít, přijdu	kommen (zu Fuß) **4**
připomínka, *w.*	Anmerkung **15**
připravit, připravím	vorbereiten **11**
přítel, přátelé, *m.*	Freund, Freunde **8**
přítelkyně, *w.*	Freundin **9**
psací stroj, *m.*	Schreibmaschine **10**
psát, píšu	schreiben **3**
pstruh, *m.*	Forelle **4**
ptát se, ptám se	fragen **5**
pumpa, *w.*	Tankstelle **5**
pusa, *w.*	Kuß **15**
rád, ráda, rádo	gern **1**
rádio, *s.*	Radio **2**
radit se, radím se	beraten **15**
radost, *w.*	Freude **15**
radši	lieber **2**
rakouský	österreichisch **12**
Rakušan, *m.*	Osterreicher **1**
ráno, *s.*	morgen früh **6**
rodiče, *Pl.*	Eltern **13**
rodina, *w.*	Familie **13**
rok, *m.*	Jahr **9**
roštěná, *w.*	Rostbraten **4**
rovně	geradeaus **5**
rozumět, rozumím	verstehen **1**

rozvod, *m.*	Scheidung **14**
ruka, *w.*	Hand **3**
růže, *w.*	Rose **8**
ryba, *w.*	Fisch **4**
rychlá jízda, *w.*	schnelle Fahrt **12**
rychlý, rychle	schnell
rýže, *w.*	Reis **4**
ředitel, *m.*	Direktor **3**
řeka, *w.*	Fluß **11**
říci, řeknu	sagen **1**
řídit auto, řídím	Auto fahren **12**
řízek, *m.*	Schnitzel **4**
s	mit **3**
sako, *s.*	Sakko **4**
salám, *m.*	Wurst **4**
salát, *m.*	Salat **2**
sám, sama	allein, selbst **12**
sametová revoluce, *w.*	samtene Revolution **14**
samostatný	selbständig **14**
sanitka, *w.*	Rettungswagen **12**
sbohem	lebe wohl **14**
sedadlo, *s.*	Platz **10**
sedět, sedím	sitzen **3**
sekretářka, *w.*	Sekretärin **8**
semafor, *m.*	Ampel **5**
sen, *m.*	Traum **3**
senzační	sensationell **8**
sestra, *w.*	Schwester **13**
setkat se, setkám se	sich treffen **6**
sever, severní, *m.*	Nord, nördlich **14**
seznámit, seznámím	bekannt machen **7**
sídlo, *s.*	Sitz **11**
silný	stark **4**
sjednocení, *s.*	Vereinigung **10**
sklenice, *w.*	Glas (zum Trinken) **4**
sklo, *s.*	Glas (Material) **11**
skříň, *w.*	Schrank **10**
slečna, *w.*	Fräulein **15**
slíbit, slíbím	versprechen **12**
slovník, *m.*	Wörterbuch **15**
slunce, *s.*	Sonne **3**
smát se, směju se	lachen **15**
směnárna, *w.*	Wechselstube **12**
smět, smím	dürfen **7**
smrt, *w.*	Tod **10**
snad	vielleicht **7**
snídaně, *w.*	Frühstück **4**
snídat, snídám	frühstücken **4**
sníh, *m.*	Schnee **6**
sobota, *w.*	Samstag, Sonnabend **2**
spát, spím	schlafen **3**
spisovatel, *m.*	Schriftsteller **11**
splnit, splním	erfüllen **3**
spojka, *w.*	Kupplung **12**
spokojen, spokojený	zufrieden **8**
spolehlivý	verläßlich **8**
správně	richtig **5**
srazit se, srazím se	zusammenstoßen **12**
stanice, *w.*	Haltestelle **5**
starý	alt **8**
stát	Staat **14**
stát se, stane se	passieren **9**
stát, stojím	stehen **2**
stát, to stojí	kosten, es kostet **2**
stověžatá Praha	das hunderttürmige Prag **11**
stroj, *m.*	Maschine **10**
strojírenský	Maschinen- **14**
středa, *w.*	Mittwoch **2**
studentská kolej, *w.*	Studentenheim **11**
studený	kalt **4**
sůl, *w.*	Salz **10**
svačina, *w.*	Jause **4**
svátek, *m.*	Feiertag **10**
svět, *m.*	Welt **8**
světlý	hell **10**
světové strany, *Pl.*	Himmelsrichtungen **14**
svetr, *m.*	Pullover **2**
svíčková, *w.*	Sauerbraten **4**
svítit, svítí	scheinen **3**
sympatický	sympathisch **8**
syn, *m.*	Sohn **13**
sýr, *m.*	Käse **4**
šálek, *m.*	Tasse **4**
šaty, *Pl.*	Kleid **8**
šilink, *m.*	Schilling **4**
šíp, *m.*	Pfeil **14**
škoda, *w.*	Schaden **9**
škola, *w.*	Schule **2**
šlo by to?	würde es gehen? **12**
špatně	schlecht **2**
špenát, *m.*	Spinat **2**
šťastnou cestu	glückliche Reise **13**
štěstí, *s.*	Glück **5**
štíhlý	schlank **8**
šunka, *w.*	Schinken **4**
Švýcar, *m.*	Schweizer **1**
tady, tu	hier **2**
také, též	auch **8**
takhle	so **7**
talíř, *m.*	Teller **4**
tamhle	dort **5**
tancovat, tancuju	tanzen **9**
taška, *w.*	Tasche **8**
tatínek, *m.*	Vati **6**
taxík, taxi, *m., s.*	Taxi **6**
teď, nyní	jetzt **6**
telefonní karta, *w.*	Telefonkarte **13**
telefonní seznam, *m.*	Telefonbuch **13**
telefonovat	telefonieren **2**
televizor, *m.*	Fernseher **2**
ten, ta, to	der, die, das **1**
tento, od tohoto	dieser, von diesem **15**
teplo, teplý	warm **3**
těžký	schwer **1**
tlustý	dick **8**
to byste nenašel	das würden Sie nicht finden **12**
to dělá	das macht **12**
to mě těší	das freut mich **1**
to nejde	das geht nicht **6**
to nevadí	das macht nichts **3**
to se mi líbí	das gefällt mir **8**
to se nevyplatí	das zahlt sich nicht aus **12**
trvat, trvá	dauern **6**
tržní hospodářství, *o.*	Marktwirtschaft **14**
třeba	notwendig **15**
třída, *w.*	Klasse **13**
tu, tady	hier **1**
tvořit, tvoří	bilden **14**
ty	du **1**
týden, *m.*	Woche **3**
tykat si	duzen **3**
u	bei **5**
u telefonu	am Apparat **7**
učení, *s.*	Lernen **15**
učit se, učím se	lernen **1**
učitel, *m.*	Lehrer **11**
učitelka, *w.*	Lehrerin **15**
udělat, udělám	machen **6**
ukázat, ukážu	zeigen **3**
ukrást, ukradnu	stehlen **12**

ulice, *w.*	Straße **5**
úloha, *w.*	Aufgabe **6**
uložit, uložím	einlegen **13**
umět, umím	können **1**
určitě	bestimmt **11**
úroky, *Pl.*	Zinsen **13**
úřad, *m.*	Amt, Büro **11**
utéci, uteču	weglaufen **15**
úterý, *s.*	Dienstag **2**
utratit peníze	Geld loswerden **13**
uvidět, uvidím	erblicken **5**
už	schon **1**
už nebudu stát	ich werde nicht mehr stehen **12**
v pořádku	in Ordnung **12**
v Praze	in Prag **2**
v provozu	im Betrieb **14**
v, ve	in, um **1**
vajgl (ugs.), *m.*	Tschick = Zigarettenstummel **14**
válka, *w.*	Krieg **10**
vánoce, *Pl.*	Weihnachten **6**
vaření, *s.*	Kochen **10**
vařit, vařím	Kochen **6**
váš, vaše	euer, Ihr **1**
vážný	ernst **14**
včas	rechtzeitig **6**
včera	gestern **6**
věc, *w.*	Sache **10**
večer, *m.*	Abend **1**
večeře, *w.*	Abendessen **4**
vědět, vím	wissen **3**
velký	groß **5**
velmi	sehr **1**
ven	hinaus **12**
venku	draußen **12**
vepřová, *w.*	Schweinebraten **4**
věřit, věřím	glauben **9**
veselý	lustig **9**
vesta, *w.*	Jacke, Weste *2*
většinou	meistens **9**
věž, *w.*	Turm **11**
víc, více	mehr **11**
vidět, vidím	sehen **8**
vidlička, *w.*	Gabel **4**
víno, *s.*	Wein **4**
vláda, *w.*	Regierung **11**
vlajka, *w.*	Flagge **14**
vlak, *m.*	Zug **6**
vlastně	eigentlich **14**
vlastní	eigen **8**
vlasy, *Pl.*	Haar **8**
vnučka, *w.*	Enkeltochter **13**
vnuk, *m.*	Enkelsohn **13**
volat, volám	rufen, anrufen **2**
volno	frei **6**
vousy, *Pl.*	Bart **8**
vrah, *m.*	Mörder **6**
vrátit se	zurückkommen **3**
vstávat, vstávám	aufstehen **11**
všechno	alles **1**
všechno nejlepší	alles Gute **13**
všem	allen **13**
všude	überall **11**
vtip, *m.*	Witz **14**
vůbec	gar nicht **12**
vůbec tomu nerozumím	ich verstehe das gar nicht **1**
vy	ihr, Sie **1**
vybráno	ausgewählt **4**
vydat, vydám	herausgeben **15**
vydavatel, *m.*	Herausgeber **15**
východ, východní, *m.*	ost, östlich **14**
vyjít, vyjdu, vyšel	ausgehen, erscheinen **15**
výlet, *m.*	Ausflug **9**
výloha, *w.*	Schaufenster **15**
vyměnit, vyměním	umtauschen, wechseln **13**
vyplatit se, vyplatí se	sich auszahlen **12**
vypravovat, vypravuju	erzählen **8**
vyřídit, vyřídím	ausrichten, erledigen **3**
vysoký	hoch **8**
vystupovat, vystupuju	aussteigen **11**
vytisknout, vytisknu	ausdrucken **15**
využívat, využívám	ausnutzen **14**
vyvážet, vyvážím	ausführen **13**
vyzkoušet, vyzkouším	ausprobieren **15**
vyznat se	sich auskennen **5**
vzdělání, *s.*	Ausbildung **13**
vzhůru	hinauf **14**
vzít, vezmu	nehmen **9**
vznik, *m.*	Entstehung **10**
vznikat, vzniká	entstehen **14**
vždycky	immer **3**
vždyť	ja, doch **8**
z	aus **3**
z celého světa	aus der ganzen Welt **11**
z české země	aus dem tschechischen Land **7**
za	für, in, hinter **2**
za roh	um die Ecke (wohin) **5**
za rohem	um die Ecke (wo) **3**
za žádnou cenu	um keinen Preis **8**
zábava, *w.*	Unterhaltung **9**
zadarmo	umsonst **10**
zahnout, zahnu	abbiegen **5**
záchranka, *w.*	Rettungsdienst **12**
zákaz, *m.*	Verbot **12**
zákaz stání	Parkverbot **12**
zakázáno	verboten **12**
zákazník, *m.*	Kunde **12**
zámek, *m.*	Schloß **14**
zaměstnání, *s.*	Beruf **13**
západ, západní, *m.*	Westen, westlich **14**
zaplatit, zaplatím	bezahlen **12**
zas, zase	wieder **3**
zastavit, zastavím	anhalten **12**
zášť	Neid **14**
závin, *m.*	Strudel **4**
zavolat, zavolám	anrufen, rufen **7**
zavřít, zavřu	schließen **12**
zdraví, *s.*	Gesundheit **5**
zdraví vás všechny ...	es grüßt Sie alle ... **11**
zdravím tě	ich grüße dich **3**
zdravit, zdravím	grüßen **3**
zdravý	gesund **5**
ze starých časů	aus alten Zeiten **15**
zelenina, *w.*	Gemüse **4**
zeleninový	aus Gemüse **4**
zelený	grün **4**
zelí, *s.*	Kraut **4**
země, *w.*	Land, Fußboden, Erde **8**
zeměpis, *m.*	Geographie **14**
zeptat se, zeptám se (2)	fragen **5**
zima, *w.*	kalt, Winter **3**
zítra	morgen **2**
zkazit, zkazím	verderben **12**
zkažený	verdorben **12**
zkouška, *w.*	Prüfung **14**
zkusit, zkusím	etwas versuchen, ich versuche **2**
Zlatá ulička, *w.*	Goldene Gasse **2**

zlý	böse **14**
zmrzlina, *w.*	Eis **4**
znamenat, znamená	bedeuten, es bedeutet **2**
známka, *w.*	Briefmarke, Note, Marke **13**
známý	bekannt **9**
znát, znám	kennen **3**
znovu, zase	wieder **1**
zpět, zpátky	zurück **4**
zpívání, *s.*	Singen **15**
zpívat, zpívám	singen **10**
zpoždění, *s.*	Verspätung **7**
zraněný	verletzt **12**
zranit, zraním	verletzen **12**
ztratit se, ztratím se	verloren gehen **12**
ztratit, ztratím	verlieren **11**
zůstat, zůstanu	bleiben **3**
zvlášť	getrennt **4**
žádné dohady	keine Widerrede **12**
žánr, *m.*	Kunstart **15**
že	daß **11**
žena, *w.*	Frau **2**
žít, žiju	leben **3**
žlutý	gelb **4**

POZNÁMKY:

POZNÁMKY:

POZNÁMKY:

ALENA AIGNEROVÁ

TSCHECHISCH ANDERS / ČEŠTINA JINAK

Kommunikatives Lehrwerk für Anfänger

Písně použité v této knize byly (s výjimkou tří) se svolením převzaty
z „Eine Kleine Deutschmusik“,
1983 Langenscheidt Verlag, Berlin und München.
Vydalo nakladatelství Tina Vimperk v roce 1994.
Obálku navrhl Jiří Pták, ilustroval Zdeněk Pták.
Odpovědná redaktorka a technická redakce Ivana Bečvářová.
Vytiskly Tiskárny Vimperk, spol. s r. o.
První vydání.